프랑스어능력인증시험

DELF

DIPLÔME D'ÉTUDES EN
LANGUE FRANÇAISE

A2
작문

정일영 · 최인경 지음

신아사

델프 A2 작문

글을 쓰면서

이 책은 프랑스어 자격 인증시험인 DELF 중 A2 단계의 쓰기 영역 평가를 대비하기 위한 것이다. 쓰기 능력은 프랑스어를 공부하는 학생들에게 매우 부담이 될 수 있는 부분인데 왜냐하면 단순한 어휘나 단어의 나열이 아니라 어휘와 표현, 그리고 문법과 함께 논리적인 사고방식이 함께 동반되어야 하는 영역이기 때문이다.

특히 기초단계에 해당하는 A2 시험을 준비하는 학생들에게는 제한된 시간 안에 주어진 주제와 상황에 맞게 작문한다는 것이 결코 쉽지 않다. 이러한 학습자들의 어려움을 조금이라도 덜어주고 프랑스어 실력을 향상시킬 수 있도록 하기 위해 8년 동안 DELF 시험 감독과 채점을 하고 있는 경험을 되살려 이 저서를 집필하기로 결심하였다. 이 책의 특징은 다음과 같다.

- 시험 유형을 고려한 적중률 높은 문제들을 제시하였다.

그 동안 출제되었던 시험 문제들의 유형과 성격을 분석하여 시험에 나올 수 있는 가능성이 높은 주제들을 중심으로 내용을 구성하였다. 이를 위해 이 메일이나 편지를 작성하는 유형과 이에 답장하는 방식, 그리고 여행이나 경험을 중심으로 한 기행문 쓰기의 두 영역으로 나누었다.

- 주제에 따른 핵심 사항 제시

문제 각각에 대해 어떤 방식으로 글을 써야 하는 지에 대한 방향을 제시하였다. 이를 통해 학습자들로 하여금 비단 제시된 문제뿐 만 아니라 주제에 따라 어떤 방식으로 생각해서 글을 써야 하는 지에 대한 방향을 제시함으로써 논리적으로 사고할 수 있는 기본 방법을 익힐 수 있도록 하였다.

- 어휘 및 표현의 효율적 학습

기초 단계에 있는 학습자들은 아무래도 어휘 능력이나 문법 능력에 있어서 충분한 실력을 갖추지 못하고 있으며 암기하는데 부담이 될 수 밖에 없다. 어휘 학습의 효율성을 높이기 위한 방법은 반복 학습이기 때문에 각 문항들에 사용될 수 있는 어휘들을 한번으로 그치지 않고 계속 제시함으로써 어휘를 습득할 수 있는 기회를 제공하였다. 또한 프랑스어 표현이나 숙어를 최대한 많이 익히게 함으로써 오류의 확률을 최소화하였다.

비단 DELF 시험을 준비하는 응시자들뿐 아니라 프랑스어를 공부하는 학습자들까지 고려하여 작문 능력을 향상시키기 위한 효율적인 방안을 제시하기 위해 책을 집필하였다. 여러 가지 측면에서 아직 부족한 면이 많은 것 또한 사실이지만 아무쪼록 프랑스어를 배우는 사람들에게 조금이라도 도움이 되었으면 한다.

2017년 5월

저자 정일영

목 차

A. 작문 전 단계

B. 작문 실전 문제

Ⅱ. 여행 기행문 / 141

프랑스어능력인증시험

DELF

DIPLÔME D'ÉTUDES EN
LANGUE FRANÇAISE

A2 작문 전 단계

I. 작문 평가와 관련한 영역별 점수 분포도

델프 A2의 듣기, 말하기, 읽기, 쓰기의 4영역 중 글쓰기 능력의 평가를 위한 작문은 2가지 유형으로 구성되어 있다. 25점 만점 중 13점을 차지하는 첫 번째 유형은 다양한 이유를 통한 여행 (어학 또는 기업 연수, 해외여행, 가족여행 등)을 주제로 여행지에서 겪었던 이야기를 일기 또는 친구에게 보내는 이 메일이나 편지 형식으로 이루어진다. 그리고 이 유형에 대한 평가 기준은 다음과 같다.

(1) 지시사항을 제대로 이행하는가에 대한 평가 (총 1점)

문제에서 제시된 상황에 알맞게 글을 쓸 수 있는지와 글자 수와 관련한 지시사항을 제대로 이행하였는지를 평가한다. 글자 수는 60-80단어로 주어지는데 최소 글자 수보다 적게 쓰는 경우는 감점 요인이 되는 반면 최대 글자 수보다 더 많이 쓰는 경우에 감점은 없다.

(2) 서술 및 묘사 능력 (총 4점)

평가 항목 중 가장 점수 배점이 큰 부분이다. 일상생활에서 쉽게 접할 수 있는 상황과 관련하여 이를 묘사하거나 기술할 수 있는 능력 (사람 또는 사물에 대한 묘사, 방문 장소에 대한 설명 등) 이나 여행을 중심으로 한 방학 또는 휴가 등 특정 기간을 중심으로 벌어진 활동, 개인적 경험 등을 기술할 수 있는 지에 대한 능력을 평가한다.

(3) 자신의 느낌을 표현할 수 있는 능력 (총 2점)

첫 번째 작문 유형에서 여행지와 관련한 묘사 또는 기술을 할 때 함께 반드시 언급해야 하는 부분이다. 구체적으로, 특정 장소를 방문하고 난 뒤 자신이 경험한 느낌이나 인상에 대해 글로 표현해야 한다. 예를 들어 내가 갔던 장소에 대해 좋았던 점과 아쉬운 점을 기술하거나 특정 행사나 활동과 관련하여 느꼈던 분위기 등에 대한 자신의 느낌을 적는다.

(4) 어휘 / 철자의 정확성 (총 2점)

문제에서 제시하고 있는 상황과 관련이 있는 기본적인 어휘들과 숙어적 표현들을 적절히 사용하고 있는지를 평가한다. 또한 비록 철자가 정확하지 않더라도 발음상으로 의미를 전달하는데 지장이 없는 지를 확인한다.

(5) 형태 · 통사적 능력과 문법적 능력 (총 2,5점)

주어의 성과 수의 일치나 명사와 형용사간의 일치 또는 시제 등과 관련하여 완벽한 문법 능력을 요구하기 보다는 비교적 단순한 문법적 구조나 통사적 관계를 기술하는데 기본적인 능력을 갖추고 있는지를 평가한다.

(6) 논리적 일관성 및 연결 능력 (총 1,5점)

특정 주제와 관련하여 내용을 전개할 때 얼마나 논리적이고 체계적이며 일관성 있게 글을 썼느냐를 평가하는 항목이다. 또한 내용을 전개할 때 문장과 문장 사이를 부드럽게 연결할 수 있는 연계사들을 적절히 활용하였는지도 평가한다.

작문 영역에서의 두 번째 평가 시험 유형은 편지나 이 메일과 관련한 것이다. 사실 평가 점수 배점은 앞의 작문 유형보다 낮은 12점으로 되어 있지만 문제의 내용이 초대, 부탁, 제안, 수락, 거절 등 매우 다양하기 때문에 학습하기에는 더 까다롭다고 할 수 있다. 평가 항목을 세분하여 살펴보면 다음과 같다.

1) 지시사항을 제대로 이행하는가에 대한 평가 (총 1점)

문제에서 제시된 상황에 알맞게 글을 쓸 수 있는지와 글자 수와 관련한 지시사항을 제대로 이행하였는지를 평가한다. 글자 수는 60-80단어로 주어지는데 최소 글자 수보다 적게 쓰는 경우는 감점 요인이 되는 반면 최대 글자 수보다 더 많이 쓰는 경우에 감점은 없다.

2) 사회언어학적 측면에서의 적합성 (총 1점)

응시자가 시험 유형이 발신자의 입장인지 수신자의 입장인지를 정확히 파악하고 있는지를 평가한다. 또한 편지의 경우 기본적으로 지켜야 할 형식 (편지 쓴 날짜와 장소 기입, 인사말과 끝인사 등)을 제대로 숙지하고 있는 지 역시 평가의 중요한 항목 중에 하나이다.

3) 주제에 대한 정확한 인지 (총 4점)

평가 항목 중 가장 점수 배점이 높은 부분으로서 주어진 주제를 얼마나 정확히 파악하고 있는지를 평가하게 된다. 구체적으로, 감사, 사과, 제안, 부탁, 초대, 제안에 대한 수락과 거절 등 주어진 주제의 다양성에 따라 얼마나 적합하게 글을 썼는지를 평가하게 된다.

4) 어휘 / 철자의 정확성 (총 2점)

문제에서 제시하고 있는 상황과 관련이 있는 기본적인 어휘들과 숙어적 표현들을 적절히 사용하고 있는지를 평가한다. 또한 비록 철자가 정확하지 않더라도 발음상으로 의미를 전달하는데 지장이 없는 지를 확인한다.

5) 형태 · 통사적 능력과 문법적 능력 (총 2,5점)

주어의 성과 수의 일치나 명사와 형용사간의 일치 또는 시제 등과 관련하여 완벽한 문법 능력을 요구하기 보다는 비교적 단순한 문법적 구조나 통사적 관계를 기술하는데 기본적인 능력을 갖추고 있는지를 평가한다.

6) 논리적 일관성 및 연결 능력 (총 1,5점)

특정 주제와 관련하여 내용을 전개할 때 얼마나 논리적이고 체계적이며 일관성 있게 글을 썼느냐를 평가하는 항목이다. 또한 내용을 전개할 때 문장과 문장 사이를 부드럽게 연결할 수 있는 연계사들을 적절히 활용하였는지도 평가한다.

II. 작문 시 유의사항

3월, 5월, 11월에 치르게 되는 델프 시험에서 작문 시험은 듣기, 독해 평가 시험과 함께 토요일에 진행된다. 순서상으로 맨 마지막에 위치해 있기 때문에 응시자들은 시간 배분을 효율적으로 활용해야 한다. 구체적으로, 독해 시험에서 시간을 너무 많이 할여하는 경우 작문시험에서 시간이 모자라는 경우가 발생할 수 있다. A2의 독해 시험이 4가지로 구분되어 있기 때문에 문항 수가 많지만 문항 당 1점에서 2점까지 배점이 되어 있어서 사실 몇 문제를 틀린다고 해서 합격 여부를 결정짓는 중요한 요인이라고는 할 수 없다. 반면 작문의 경우는 두 문제에 25점이고 시간이 부족하여 지시사항에서 요구하는 내용들을 충분히 반영하여 쓰지 못하게 되면 매우 큰 점수를 잃게 된다. 따라서 항상 시간을 확인하면서 작문하는데 충분한 여유를 가지는 것이 중요하다.

작문할 때의 방법은 응시자들마다 조금씩 차이가 있는데 예를 들어 감독관이 나누어준 연습지에 먼저 작문을 한 뒤 답안지에 옮겨 적는 경우를 생각해볼 수 있다. 이 방법의 장점은 무엇보다도 완성된 글을 그대로 옮기는 것이기 때문에 답안지를 깨끗하게 활용할 수 있다는 것이다. 반면 자칫 시간에 쫓길 수 있다는 단점이 있다

작문의 또 다른 방식은 답안지에 직접 글을 쓰는 것인데 대부분의 경우 연필을 사용하여 먼저 초안을 작성하고 수정작업을 한 뒤 그 위에 볼펜으로 다시 쓴 후 지우개로 연필로 쓴 내용들을 삭제하는 것이다. 시간을 절약할 수 있다는 장점이 있기는 하지만 연필이 아니라 볼펜으로 먼저 쓰는 경우 수정해야 할 부분을 화이트로 지우면서 작업을 해야 하기 때문에 답안지가 아무래도 지저분하게 된다.

두 가지 방법 중 그 어떠한 것이 더 효율적인지에 대해서는 응시자마다 자신들의 익숙한 방식에 따라 다를 수 있다. 다만 작문을 할 때 글씨체를 너무 못 알아볼 정도로 흘려 쓰거나 흐리게 쓰는 경우 자칫 채점관에게 자신이 없는 듯한 인상을 줄 수 있기 때문에 가독성을 고려하여 글을 써야 한다. 그리고 답안지의 여분이 거의 없어서 작문에서 큰 오류를 범했을 경우 답안지를 다시 받기가 어렵다. 따라서 가능한 한 자신이 처음에 받은 답안지에 완벽하게 작문을 하는 것이 바람직하다.

그리고 작문 유형과 상관없이 응시자가 가장 중요시 해야 할 사항은 바로 지시사항을 제대로 파악하는 것이다. 지시사항에서 요구하는 것이 어떠한 주제이며 어떠한 상황인지, 글의 목적이 무엇인지, 그리고 어떠한 내용들을 언급해야 하는지를 정확히 이해해야 한다. 지시사항에서 언급한 내용을 하나라도 빼먹고 작문을 하는 경우 감점의 폭이 매우 크기 때문에 작문을 하기 전 지시사항을 꼼꼼히 살펴보아야 한다.

프랑스어능력인증시험

DELF

DIPLÔME D'ÉTUDES EN LANGUE FRANÇAISE

A2 작문 실전문제

I.

편지나 e-mail 쓰기

최근에는 e-mail (courriel, message électronique)을 작성하는 문제가 많이 출제되고 있기는 하지만 간단한 편지 글을 작성하는 경우도 있다. 이럴 경우 응시자는 기본적으로 편지를 쓸 때 지켜야 할 형식에 유의해야 한다. 우선, 답안지 오른쪽 위에 편지를 쓰는 날짜, 달, 장소 등을 기입해야 한다. 또한 본문을 작성하기 전에 먼저 간단한 인사와 함께 안부를 묻는 것으로 글을 쓰기 시작해야 한다.

그리고 글의 대상이 되는 사람과의 관계를 정확히 파악해야 하는데 A2의 경우는 편지를 받는 사람이 거의 친구 관계이기 때문에 상대방을 지칭하는 인칭이 tu가 주를 이룬다. 그 다음으로는 글의 주제나 목적을 파악하는 것이 무엇보다도 중요한데 글의 내용이 초대, 제안, 부탁, 감사, 수락, 거절 등 다양한 내용들 중에 어떤 것인지를 정확히 인지해야 한다. 마지막으로 작별인사와 함께 글을 쓰는 사람의 이름을 기입함으로써 글을 마감한다.

1

초대, 부탁, 제안

A2 작문 시험에서 가장 기본적인 형태에 속하는 유형으로서 다양한 상황들 중에 하나를 정해 상대방을 초대하는 형식으로 이루어져 있다. 구체적으로, 생일초대가 가장 대표적인 주제이며 그렇지 않으면 주말 또는 방학 초대, 행사와 관련한 초대, 결혼식 초대 등을 내용으로 하고 있다.

초대의 내용이 무엇인지에 따라 앞에 쓰게 되는 안부와 관련한 글의 내용이 결정될 수 있다. 예를 들어 집에서의 간단한 저녁 식사 초대를 하는 경우 인사말에서 다른 나라에 체류하고 있거나 멀리 지방에 떨어져 살고 있는 친구라는 느낌을 주는 문장을 썼다면 연계성의 측면에서 별로 설득력이 없어 보일 수밖에 없다. 그리고 글의 완성도를 높이기 위해서는 친구가 초대에 응해 왔을 경우 어떠한 계획을 가지고 있는지를 적어 초대를 수락할 수 있도록 가능성을 높이는 글을 쓰는 것이 효율적이다.

작별 인사의 말을 쓸 때는 상대방이 친구라면 너무 과도하게 예의를 차리는 문구를 사용하는 것은 바람직하지 않으며 간단한 작별 인사로 마무리를 해야 한다.

부탁이나 제안의 경우 중요한 것은 무엇을 할 것인지에 대해 보다 구체적으로 써야 한다는 것이다. 최소 2개 이상의 활동들을 제안해야 하며 상대방이 거절할 수 없는 긴박한 상황이나 피치 못할 사정을 설명함으로써 글의 설득력을 높여야 한다.

01 C'est bientôt votre anniversaire et vous envoyez un courriel à votre ami pour l'inviter. Vous lui proposez des activités. (60-80 mots)

핵심

지시사항에서 주제가 생일이라고 명시했음으로 먼저 간략한 인사말을 한 후 초대할 날짜에 특별한 계획이 있는지 묻는다. 그리고 생일을 맞이해 생일 장소와 초대손님에 대해 간단히 말하고 올 수 있는지를 물어본다. 또한 초대에 응하게 하기 위해 왔을 때 무엇을 할 것인지에 말하면서 특히 상대방이 좋아하는 것과 관련한 활동을 언급한다. 마지막으로 올 수 있는지에 대한 답변을 말하고 부담 없이 올 수 있도록 아무 것도 가져 올 필요가 없다는 점을 밝힌다.

C'est bientôt votre anniversaire et vous envoyez un courriel à votre ami pour l'inviter. Vous lui proposez des activités. (60-80 mots)

어휘

bientôt 곧
anniversaire (m) 기념일, 생일
envoyer -을 보내다
courriel (m) 이메일
inviter 초대하다
proposer 제안하다
activité (f) 활동

해석

곧 당신의 생일이고 당신은 친구를 초대하기 위해 당신의 친구에게 이메일을 보냅니다. 그에게 활동들을 제안하세요. (60-80 단어)

정답

Le 날짜, 달, 장소

Salut,

Comment vas-tu ? Ça fait longtemps qu'on ne s'est pas vus depuis que j'ai déménagé à Paris (la campagne). J'essaie de t'envoyer un courriel mais je n'ai pas pu le faire parce que j'étais très occupé.

Qu'est-ce que tu fais samedi prochaine ? C'est mon anniversaire et je vais inviter mes amis chez moi. Tu peux venir ? Je vais te présenter mes nouveaux amis. Et puis, il y un salon de voiture et je sais que tu adores les voitures. Alors, ce sera une bonne occasion pour toi de voir des voitures vraiment magnifiques. Je suis sûr qu'on va bien s'amuser. Et n'apporte rien parce que je vais tout préparer.

Envoie-moi un e-mail le plus vite possible si tu es d'accord.

À très bientôt

Paul

어휘

salut 안녕
se voir 서로 보다
campagne (f) 시골
prochain 다음의
salon (m) 전시회
magnifique 훌륭한

comment 어떻게
depuis -이래로
essayer 노력하다
présenter 소개하다
occasion (f) 기회
s'amuser 즐기다

longtemps 오랫동안
déménager 이사하다
occupé 바쁜
nouveau 새로운
voiture (f) 자동차
vite 빨리

해석

안녕,

어떻게 지내고 있니? 내가 파리 (시골)로 이사간 이후로 서로 못 본지 오래되었구나. 너한테 이메일을 보내려고 노력했지만 내가 아주 바빴었기 때문에 그럴 수가 없었어.

다음 주 토요일에 뭐할거니? 내 생일이라서 집으로 친구들을 초대할거야. 너 올 수 있니? 너에게 내 새로운 친구들을 소개해줄게. 그리고 자동차 전시회가 있는데 네가 차를 아주 좋아한다는 것을 내가 알아. 그러니까 너에게는 훌륭한 차들을 볼 수 있는 좋은 기회가 될거야. 우리가 재미있게 놀 것이라고 확신해. 그리고 내가 다 준비할 거니까 아무것도 가져 오지마.

네가 동의하면 최대한 빨리 나한테 이메일을 보내줘

곧 보자.

뽈

02 C'est bientôt les vacances et vous envoyez un courriel à votre ami pour l'inviter. Vous lui proposez des activités. (60-80 mots)

핵심

방학 또는 휴가와 관련한 작문으로서 초대 기간이 생일과는 달리 더 길다는 것을 감안하여 글을 써야 한다. 시골에 살고 있다는 전제 조건을 활용하여 집에 대한 묘사와 함께 자연과 밀접한 관계가 있는 활동을 제안한다. 또한 상대방의 기호도를 고려한 활동도 덧붙이는 것이 효과적이다.

Vous habitez à la campagne et c'est bientôt les vacances. Vous envoyez un courriel à votre ami pour l'inviter chez vous. Vous lui proposez des activités. (60-80 mots)

어휘

habiter -에 살다
chez -의 집에
vacances 방학, 휴가

해석

곧 당신의 생일이고 당신은 친구를 초대하기 위해 당신의 친구에게 이 메일을 보냅니다. 그에게 활동들을 제안하세요. (60-80 단어)

정답

Salut,

Comment ça va ? Je ne t'ai pas vu depuis que ma famille a déménagé à la campagne il y a deux mois. Tu me manques beaucoup.

C'est bientôt les vacances et est-ce que tu as un projet ? Si tu es libre, j'aimerais t'inviter chez moi. Ma nouvelle maison n'est pas grande mais très agréable et il y a aussi un joli jardin. Et puis, il y a un forêt près de chez moi et on pourra se promener en se parlant de la vie scolaire ou la vie privée. Tu aimes toujours l'animal ? J'ai un chien maintenant et je vais te le présenter. Je suis sûr qu'on va bien s'amuser.

Envoie-moi un e-mail le plus vite possible si tu es d'accord.

À très bientôt

Gérard

어휘

famille (f) 가족
manquer 모자르다, 그립다
libre 자유로운
grand 큰
joli 예쁜
forêt (m) 숲
vie (f) 삶
privé 사적인
chien (m) 개
mois (m) 달, 월
projet (m) 계획
maison (f) 집
agréable 안락한
jardin (m) 정원
se promener 산책하다
scolaire 학교의
animal (m) 동물

해석

안녕,
어떻게 지내니? 두달 전에 가족이 시골로 이사를 간 후 너를 보지 못했네. 너를 많이 보고 싶어. 곧 방학인데 계획이 있니? 시간이 있으면, 우리 집에 너를 초대하고 싶어. 내 새 집은 크지는 않지만 매우 안락하고 예쁜 정원도 있어. 그리고 집 가까이에 숲이 있어서 학교 생활이나 사생활에 대해 서로 말하면서 산책을 할 수 있을 거야. 너 여전히 동물을 좋아하니? 이제 나는 개를 키우고 있는데 너에게 소개시켜줄게. 우리가 재미있게 지낼 것이라고 확신해. 네가 동의하면 최대한 빨리 나한테 이메일을 보내줘.
잘 있어,

03 Vous habitez en France et vous envoyez un courriel à votre ami pour lui demander de passer le week-end chez vous. Vous lui proposez des activités. (60-80 mots)

핵심

주말에 친구를 초대하는 글로서 먼저 인사말로 글을 시작한다. 그리고 함께 할 활동에 대해 적는데 도시에 살 경우와 시골에 살 경우를 구분하여 정한 뒤 제시해야 한다. 그리고 기차라는 교통편을 가정하여 마중을 나가겠다는 말로 마무리를 한다.

Vous habitez en France et vous envoyez un courriel à votre ami pour lui demander de passer le week-end chez vous. Vous lui proposez des activités. (60-80 mots)

어휘

demander 요구하다
week-end 주말
passer 보내다

해석

당신은 프랑스에 살고 있고 친구에게 당신 집에서 주말을 보낼 것으로 제안하기 위해 이메일을 보냅니다. 그에게 활동들을 제안하세요.

정답

Salut,

Comment ça va ? Tu travailles toujours bien ? Moi, je vais bien. Ça fait 6 mois que je suis venu ici avec ma famille. Je suis content de ma nouvelle école et je m'entends bien avec mes camarades de classe. Mais tu me manques.

Est-ce que tu es libre ce week-end ? J'aimerais que tu passes le week-end chez moi. Qu'est-ce que tu en penses ? Il y a un festival dans ma ville et on pourra voir beaucoup choses très intéressantes. Et puis, il y a aussi un château du moyen âge et tu vas l'adorer parce que tu t'intéresses beaucoup à l'histoire française. Je suis sûr(e) qu'on va bien s'amuser.

Tu peux venir avec tes amis si tu veux. Si tu me dis la date et l'heure de ton arrivée, je vais t'attendre à la gare.

J'attends ta réponse,

À très bientôt

Patrick

어휘

travailler 일하다, 공부하다
venir 오다
content 만족한
école (f) 학교
s'entendre bien avec -와 사이좋게 지내다
camarade 학우
ville (f) 도시
château (m) 성
histoire (f) 역사
bien 잘
ici 여기에
nouvelle 새로운
festival (m) 페스티벌
intéressant 흥미로운
moyen âge (m) 중세기
attendre 기다리다

해석

안녕,

어떻게 지내니? 여전히 공부는 잘하지? 나는 잘 지내. 내가 가족과 함께 이곳에 온지 6개월이 되었어. 새 학교에 만족하고 있고 학급 친구들과도 잘 지내고 있어. 그렇지만 네가 보고 싶어. 너 이번 주말에 뭐하니? 내 집에서 주말을 보냈으면 해. 어떻게 생각하니? 마을에 페스티발이 있는데 매우 흥미로운 많은 것들을 볼 수 있을거야. 그리고 중세기 성도 있는데 네가 아주 좋아할거야 왜냐하면 너는 프랑스 역사에 관심이 많으니까 말야. 우리가 재미있게 지낼 것이라고 확신해.

네가 원하면 친구들이랑 와도 돼. 도착 날짜와 시간을 말해주면 내가 역에서 너를 기다릴게.

답변을 기다릴게.

안녕

04 Votre école va organiser une fête et vous y invitez votre ami. Vous proposez des activités. (60-80 mots)

핵심

주제가 학교 축제임으로 축제에 재미있는 프로그램이 많다는 점과 응시자가 특별한 행사에 참여하고 있다는 점을 강조하고 와서 격려를 해주었으면 좋겠다는 말로서 초대에 대한 내용을 구성한다. 또한 상대방이 왔을 때 좋아할 만한 활동을 제시함으로써 초대에 대한 메시지를 강조한다.

Votre école va organiser une fête et vous y invitez votre ami. Vous proposez des activités. (60-80 mots)

어휘

organiser 운영하다, 개최하다　　fête (f) 축제

해석

당신의 학교가 축제를 열고 당신은 그곳에 당신의 친구를 초대하세요. 활동들을 제안 하세요.

정답

Salut,

Comment vas-tu ? C'est bientôt la rentrée. Je pense que le temps passe vite, n'est-ce pas ?

Qu'est-ce que tu fais ce samedi ? Mon école organise une fête et j'aimerais t'inviter. On a beaucoup de programmes très intéressants et je vais participer au concours de chanson. Je ne chante pas bien mais j'ai décidé d'y participer pour avoir un bon souvenir. Alors, j'ai besoin de ton encouragement. Je suis sûr que tu vas bien t'amuser. Et puis, je vais te présenter mes nouveaux amis. D'ailleurs, il y aura une exposition spéciale de Monet. Comme tu aimes bien les tableaux, tu pourras apprécier ses œuvres avec moi.

Envoie-moi un e-mail le plus vite possible si tu es d'accord.

À très bientôt

Paul

어휘

rentrée (f) 개학
vite 빨리
concours (m) 경연대회
souvenir (m) 추억
encouragement (m) 격려
apprécier 감상하다
temps (m) 시간
participer à -에 참가하다
chanson (f) 노래
chanter 노래하다
exposition (f) 전시회

해석

안녕,
어떻게 지내니? 곧 개학이네. 시간이 빨리 지나가는 것 같아, 안 그래?
너 이번 토요일에 뭐하니? 우리 학교가 축제를 하는데 너를 초대하고 싶어. 아주 흥미로운 프로그램들이 많고 나는 노래경연대회에 참가할거야. 노래를 잘 못하지만 좋은 추억을 가지고 싶어서 참가하기로 결정했어. 나는 너의 격려가 필요해. 네가 재미있게 놀 것이라고 확신해. 그리고 내 새 친구들을 소개해줄게. 게다가 모네의 특별 전시회가 있을 거야. 네가 그림들을 아주 좋아하니까, 나와 함께 그의 작품들을 감상할 수 있을 거야. 네가 동의하면 최대한 빨리 나한테 이메일을 보내줘.
곧 보자,

05 Vous avez fait beaucoup de répétitions pendant les vacances pour faire un spectacle à l'école et vous y invitez votre ami. (Vous proposez des activités) (60-80 mots)

핵심

공연에 참가한다는 주제가 주어졌음으로 방학 동안에 공연 준비를 열심히 했고 응시자에게 매우 중요한 의미가 있기 때문에 응원해 주기 위해 와주었으면 한다는 이유로 초대하는 글을 작성한다. 이 경우 다른 활동을 제안하라는 문장이 없다면 공연과 관련한 내용을 구체적으로 기술하는 것이 바람직하다. 반면에 다른 활동을 제안하라는 내용이 지시사항에 있다면 반드시 이를 언급해야 하는데 왜냐하면 지시사항에 있는 것을 언급하지 않으면 감점이 상당히 크기 때문이다.

Vous avez fait beaucoup de répétitions pendant les vacances pour faire un spectacle à l'école et vous y invitez votre ami. (Vous proposez des activités) (60-80 mots)

어휘

répétition (f) 연습
spectacle (m) 공연
pendant -동안

해석

당신은 학교에서 공연을 하기 위해 방학 동안 많은 연습을 했고 당신 친구를 초대하세요. (활동을 제안하세요).

정답

Salut,

Comment vas-tu ? J'ai vu tes photos dans mon facebook et je pense que tu as passé le bon moment pendant ces vacances. Moi, je ne suis pas parti en vacances parce que je devais souvent venir à l'école.

Est-ce que tu es libre ce vendredi ? Mon école va faire un spectacle et je vais jouer un rôle principal dans une pièce de théâtre. Mes amis et moi, on a fait beaucoup d'exercices pendant les vacances d'été. Tu sais ? On est venu à l'école trois fois par semaine pendant deux mois et c'était dur. Mais je suis très content parce que ce sera une bonne expérience pour moi de faire quelque chose devant les gens. D'ailleurs, ce sera un très bon souvenir pour me rappeler de ma vie scolaire. Mais j'ai un peu peur quand même alors, je vais t'envoyer une carte d'invitation et j'aimerais que tu viennes avec tes amis pour m'encourager.

À très bientôt

Jean

어휘

photo (f) 사진
devoir -해야만 하다
spectacle (m) 공연
rôle (m) 역할
pièce (f) 작품
exercice (f) 연습
dur 힘든
se rappeler 상기하다
moment (m) 순간
vendredi (m) 금요일
jouer 연기하다
principal 중요한
théâtre (m) 연극
été (m) 여름
expérience (f) 경험
carte d'invitation (f) 초대장

해석

안녕,
어떻게 지내니? 내 페이스북에서 네 사진들을 봤는데 이번 방학 동안 좋은 순간을 보낸 것 같구나. 나는 방학 때 떠나지 못했는데 왜냐하면 자주 학교에 왔어야만 했기 때문이야. 너 이번 주 금요일에 시간 있니? 우리 학교에서 공연을 하는데 내가 연극에서 주인공 역할을 할거야. 내 친구들과 나는 여름 방학 동안 많은 연습을 했는데 힘들었어. 그렇지만 매우 만족하는데 왜냐하면 사람들 앞에서 무엇인가를 한 다는 것이 내게는 좋은 경험이 될 것이기 때문이야. 게다가, 내 학창 시절을 떠올리게 하는데 매우 좋은 추억이 될거야. 그렇지만 그래도 약간 떨려 그래서 너한테 초대장을 보내니까 나를 격려해주기 위해 네 친구들과 왔으면 좋겠어.
곧 보자,

06 Vous allez vous marier et vous invitez votre ami à la cérémonie de votre mariage. Vous lui dites la date, le lieu et vous lui demandez de confirmer sa présence. (60-80 mots)

핵심

결혼식 초대에 대한 글을 작성하는 문제이다. 먼저 서로 연락을 하지 못한 지 오래 되었다는 말로 글을 시작하는데 왜냐하면 자주 보는 사이라면 결혼에 대한 소식을 알고 있었을 것이기 때문이다. 그리고 결혼할 대상과 어떻게 만나게 되었는지를 간략하게 설명하고 지시사항에 언급한 날짜와 시간을 적고 호텔 예약을 위해 올 수 있는지 없는지에 대해 확답을 해주기를 바란다는 글을 쓴다.

Vous allez vous marier et vous invitez votre ami à la cérémonie de votre mariage. Vous lui dites la date, le lieu et vous lui demandez de confirmer sa présence. (60-80 mots)

어휘

se marier 결혼하다
mariage (m) 결혼
confirmer 확인하다
cérémonie (f) 예식
lieu (m) 장소
présence (f) 참석

해석

당신은 결혼을 하고 친구를 당신의 결혼식에 초대하세요. 그에게 날짜, 장소를 말하고 참석을 확인해 달라고 부탁하세요.

정답

Salut,

Comment vas-tu ? Comment va ta nouvelle maison ? Les habitants de ton quartier sont gentils avec toi ? Ça fait déjà trois ans que je ne t'ai pas vu.

Je t'envoie ce courriel aujourd'hui parce que j'ai une nouvelle à t'annoncer. Voilà, je vais me marier samedi prochain. C'est une surprise, non ? Je l'ai rencontrée il y a deux ans dans une conférence. On s'est parlé de la vie quotidienne et du travail et elle avait beaucoup de points communs avec moi. Elle était ma femme idéale et on a décidé de se marier. Il y aura beaucoup d'invités et j'aimerais que tu viennes pour féliciter mon mariage. La cérémonie aura lieu à l'église et je vais t'envoyer le faire-part de mariage. Tu peux trouver facilement cette église parce que c'est en face de la mairie. J'espère qu'on se verra ce jour-là et envoie-moi un e-mail pour confirmer ta présence parce que je dois réserver la chambre d'hôtel pour les invités.

À très bientôt,

Pascal.

어휘

nouveau 새로운
quartier (m) 동네
envoyer 보내다
annoncer 알리다
conférence (f) 강연회
commun 공통적인
féliciter 축하하다
habitant (m) 주민
sympa 상냥한
aujourd'hui 오늘
rencontrer 만나다
quotidien 일상의
invité 초대소님
faire-part (m) 초대장

해석

안녕,
어떻게 지내니? 네 새 집은 어때? 동네 주민들은 너한테 잘해주니? 내가 너를 보지 못한 지 벌써 3년이 되었구나.
오늘 내가 너에게 이 메일을 보내는 것은 너에게 알려줄 소식이 있어서야. 다름이 아니라, 나 다음 주 토요일에 결혼해. 깜짝 소식이지, 안 그래? 2년 전에 강연회에서 그녀를 만났어. 우리는 일상생활과 일에 대해 서로 이야기 했는데 나와 공통점이 많았어. 그녀는 내 이상적인 여인이었고 우리는 결혼하기로 결정했어. 초대 손님들이 많을 거고 내 결혼을 축하해주기 위해 네가 왔으면 좋겠어. 결혼식은 성당에서 할 건데 시청 맞은편이니까 쉽게 찾을 수 있을거야. 그날 너를 봤으면 좋겠고 너의 참석을 확인하기 위해 메이를 보내줘 왜냐하면 손님들을 위해 호텔 방을 예약해야 하거든.
곧 보자,

07 Vous venez de vous installer dans une nouvelle région et vous invitez votre ami pour passer le week-end. Vous proposez des activités. (60-80 mots)

핵심

새로운 지역으로 이사를 간 상황임으로 무엇보다도 이사를 온 후이기 때문에 정신이 없어 연락을 못했다는 말로 글을 시작한다. 새 집과 지역에 대한 간단한 묘사를 하는 것이 좋다. 그리고 친구와 함께 할 활동들에 대해 언급하면서 특히 친구가 좋아할 만한 것에 대해 언급한다.

Vous venez de vous installer dans une nouvelle région et vous invitez votre ami pour passer le week-end. Vous proposez des activités.

어휘

venir de +동사원형 막 -하다
s'installer 거주하다
région (f) 지역

해석

당신은 새로운 지역에 막 정착하였고 주말을 보내기 위해 당신의 친구를 초대하세요. 활동들을 제안하세요.

정답

Salut,

Comment ça va ? Je voulais t'annoncer ma nouvelle le plus tôt possible mais j'étais trop occupé.

Ma famille et moi, nous habitons à Annecy depuis 6 mois. C'est une très jolie ville et les habitants sont très sympas. Mon père a beaucoup de travail et ma mère s'occupe de la maison. Et moi, j'aime ma nouvelle école et je m'entends bien avec mes camarades de classe. On va souvent au cinéma ou bien on joue au football après l'école. Nous avons une grande maison et j'espère que tu viendras me voir le week-end prochain. Je vais te faire visiter la ville et on pourra voir beaucoup de monuments historiques dans cette région. Rappelle-moi ou envoie-moi un courriel pour me dire oui.

Bises

Vincent

어휘

occupé 바쁜
depuis -이래로
travail (m) 일
cinéma (m) 극장
monument (m) 기념물
famille (f) 가족
père (m) 아버지
s'occuper de -을 돌보다
printemps (m) 봄
historique 역사적인

해석

안녕,
어떻게 지내니? 내 소식을 최대한 일찍 너에게 알리려고 했지만 너무 바빴어. 내 가족과 나는 6개월 전부터 Annecy에 살고 있어. 아주 예쁜 도시이고 주민들은 아주 상냥해. 아버지는 일이 많으시고 어머니는 집안 일을 돌보셔. 그리고 나는 새 학교를 좋아하는데 학급 친구들과 사이도 좋아. 우리는 자주 극장에 가거나 방과 후에 축구를 해. 큰 집을 가지고 있고 다음 주말에 네가 나를 보러 왔으면 좋겠어. 도시를 구경시켜주고 이 지역에 있는 역사적인 기념물들을 볼 수 있을 거야. 그러겠다고 전화를 하던지 아니 면 메일을 보내줘.
안녕.

08 Vous allez rester tout seul pendant les vacances et vous invitez votre ami pour passer les vacances avec vous. Vous proposez des activités. (60-80 mots)

핵심

방학 동안 혼자 집에 있게 된다는 상황이 제시되었음으로 왜 혼자 있게 되는지에 대한 간략한 이유를 밝힌다. 그리고 방학이라는 긴 기간 동안 함께 지내기 위해 초대를 하는 것임으로 다른 친구에게도 연락을 하였다는 점을 들어 같이 지내자고 말한다. 또한 지내는 동안 할 활동에 대해서도 언급해야 한다.

Vous allez rester tout seul pendant les vacances et vous invitez votre ami pour passer les vacances avec vous. Vous proposez des activités. (60-80 mots)

어휘

rester 머물다
pendant -동안
seul 혼자

해석

당신은 방학 동안 혼자 지내게 되고 그래서 당신과 함께 방학을 보내기 위해 친구를 초대합니다. 활동들을 제안하세요.

정답

Salut,

Comment ça va ? Moi, je vais bien. Quel temps fait-il à Paris ? Il fait beau ici et je vais souvent à la plage avec mes amis.

C'est bientôt les vacances et je t'écris pour t'inviter chez moi. Ça fait déjà deux ans qu'on ne s'est pas vus et je veux te voir. Mes parents vont partir en vacances du 1 au 7 juillet et je vais rester seul à la maison. Alors, j'aimerais que tu viennes. On peux visiter la ville et je vais te présenter mes amis d'ici. Et puis, il y a un restaurant très célèbre ici et on peut manger des plats très délicieux. Qu'est-ce que tu en penses ?

J'ai aussi envoyé un message à Patrick et Julien. Patrick n'a pas répondu et il n'est peut-être pas encore rentré de son voyage. Par contre, Julien a accepté mon invitation avec plaisir.

Si tu es d'accord, je vais venir te chercher à la gare. Alors, n'oublie pas de me dire l'heure de ton arrivée.

Écris-moi vite !

Daniel

어휘

temps (m) 날씨
plage (f) 해변
parents (m) 부모님
célèbre 유명한
plat (m) 음식
répondre 답변하다
avec plaisir 기꺼이
beau 좋은
vouloir -을 원하다
restaurant (m) 식당
manger 먹다
délicieux 맛있는
rentrer 돌아오다

해석

안녕,
어떻게 지내니? 나는 잘 지내. 파리는 날씨가 어때? 여기는 날씨가 좋고 나는 친구들과 자주 해변에 나가. 곧 방학이고 내 집에 너를 초대하기 위해 너에게 편지를 쓴다. 우리가 못 본지 벌써 2년이 되어 가는데 네가 보고 싶어. 부모님께서 7월 1일부터 7일까지 여행을 떠나실거라 집에 나 혼자 있을 거야. 그래서 내가 왔으면 좋겠어. 우리는 도시를 방문할 수 있고 여기 친구들을 너에게 소개시켜줄게. 그리고 여기에 아주 유명한 식당이 있는데 아주 맛있는 음식들을 먹을 수 있을 거야. 어떻게 생각하니?
Patrick과 Julien에게도 메시지를 보냈어. Patrick은 답장이 없는데 아마 여행에서 아직 돌아오지 않은 것 같아. 반면에 Julien은 기꺼이 내 초대를 수락했어.
내가 동의한다면 내가 너를 역으로 찾으러 갈게. 그러니까 잊지말고 내게 너의 도착 날짜와 시간을 알려줘.
빨리 내게 편지 보내줘!

09 Vous voulez passer le nouvel an avec votre meilleur ami. Vous l'invitez à la fête et vous lui proposez des activités. (60-80 mots)

핵심

새해를 같이 보내자는 의미의 초대이다. 먼저 친구 중에 한 명을 정해 그 집에서 새해를 위한 작은 파티가 있음을 알리면서 여러 친구들과 같이 새해를 맞이하기 위해 상대방을 초대하고 싶다는 말을 한다. 그리고 초대의 의미를 강조하기 위해 오랫동안 보지 못했던 친구도 온다는 말을 덧붙인다. 그리고 파티 때 무엇을 할 것인지에 대해 간략하게 기술한다.

Vous voulez passer le nouvel an avec votre meilleur ami. Vous l'invitez à la fête et vous lui proposez des activités. (60-80 mots)

어휘

vouloir 원하다
passer 보내다
an 년, 해
avec –와 함께
meilleur 최고의
ami (m) 친구

해석

당신은 당신의 최고의 친구와 함께 새 해를 보내고 싶습니다. 당신은 그를 파티에 초대하고 활동들을 제안하시오.

정답

Salut,

Comment vas-tu ? Tu as bien passé tes examens ? C'est bientôt la fin de cette année. Que le temps passe vite ! Tu connais mon ami Thierry ? On était dans la même classe au lycée. Il était en Angleterre pendant 5 ans et il va revenir en France le mois prochain. Alors, on va faire une petite fête pour le réveillon de fin d'année. Tu peux venir ? Tu pourras rencontrer beaucoup d'amis que tu n'as pas vus depuis longtemps.

Ce sera une bonne occasion pour nous de nous rappeler le beau souvenir de notre vie scolaire. On va danser et chanter toute la nuit et je suis sûr qu'on va bien s'amuser.

On n'a pas encore décidé le lieu et la date et je vais t'envoyer un e-mail pour te donner des informations plus précises de cette fête.

À très bientôt,

Laurent.

어휘

examen (m) 시험
connaître 알다
classe (f) 학급
Angleterre (f) 영국
réveillon (m) 새해전날
chanter 노래하다
décider 결정하다
fin (f) 끝
même 같은
lycée (m) 고등학교
revenir 되돌아오다
danser 춤추다
nuit (f) 밤
précis 구체적인

해석

안녕,

어떻게 지내니? 시험은 잘 봤어? 곧 올해가 끝나는구나. 시간이 정말 빨리 가는거 같아! 너 네 친구 Thierry 알지? 우리 고등학교 때 같은 반이었잖아. 그가 5년 동안 영국에 있었는데 다음 달에 프랑스로 돌아와. 그래서 우리가 연말 망년회를 위한 조그만 파티를 하려고 해. 너 올 수 있니? 너는 오래전부터 네가 보지 못했던 많은 친구들을 만날 수 있을 거야. 우리의 학창 시절에 대한 좋은 기억을 떠올릴 수 있는 좋은 기회가 될것이고. 우리는 밤새 춤추고 노래할 거고 재미있게 놀 것이라고 확신해.

장소와 날짜는 아직 정하지 않았는데 이 파티에 대한 좀 더 자세한 정보들을 너에게 이메일로 보내줄게.

곧 보자,

10 Vous participez au concours de la musique organisé par votre mairie. Vous y invitez votre ami et vous lui proposez des activités. (60-80 mots)

핵심

음악 경연대회에 참가한다는 주제로 친구를 초대하는 글이다. 먼저 간략한 안부를 묻고 음악대회에 참가하는 것이 당신에게 매우 큰 의미가 있다는 점을 알리고 당신을 격려하기 위해 와 줄 것을 부탁한다. 그리고 함께 할 활동에 대해서도 설명한다.

Vous participez au concours de la musique organisé par votre mairie. Vous y invitez votre ami et vous lui proposez des activités. (60-80 mots)

어휘

participer à -에 참가하다
musique (f) 음악
mairie (f) 시청
concours (m) 대회
organiser 개최하다

해석

당신은 시청에서 개최하는 음악 경연대회에 참가한다. 그 곳에 당신 친구를 초대하고 그에게 활동들을 제안 하세요

정답

Salut,

Comment vas-tu ? Tu es en train de passer de bonnes vacances ? Moi, je n'avais pas beaucoup de temps de m'amuser ces vacances parce que je devais préparer le concours de la musique organisé par votre mairie. Il aura lieu le 27 juillet et il est très important pour moi de gagner le grand prix à ce concours parce que le gagnant peut avoir des bénéfices pour entrer dans l'école de musique. Comme j'aimerais devenir pianiste professionnel, je dois absolument gagner le prix à ce concours. Mais j'ai trop peur même si j'ai fait beaucoup d'exercices pendant les vacances. Alors, j'aimerais que tu viennes pour m'encourager. Tu peux venir avec tes amis si tu veux. Il y aura une soirée dansante après le concours et on peut s'amuser toute la nuit. Et puis, il y a un nouveau parc d'attraction dans notre ville et on pourra faire plein de choses ensemble.

Rappelle-moi pour me dire oui.

어휘

être en train de -하는 중이다
important 중요한
bénéfice (m) 혜택
absolument 절대적으로
attraction (f) 놀이
avoir lieu 개최하다
prix (m) 상
professionnel 전문적인
parc (m) 공원

해석

안녕,
어떻게 지내니? 좋은 방학을 보내고 있는 중이니? 나는 이번 방학은 재미있게 놀 시간이 별로 없었는데 왜냐하면 시청에서 개최하는 음악 경연대회를 준비해야 했기 때문이야. 대회는 7월 27일에 열리는데 이 대회에서 대상을 받는 것이 내게는 매우 중요해 왜냐하면 승리자는 음악 학교에 들어가기 위한 혜택을 얻을 수 있거든. 내가 전문 피아니스트가 되고 싶기 때문에 나는 이 대회에서 상을 받아야 하거든. 그렇지만 방학 동안에 연습을 많이 했지만 너무 무서워. 그래서 나를 격려해주기 위해 네가 왔으면 좋겠어. 네가 원하면 친구들과 같이 와도 돼. 대회 후에는 무도회 시간이 있는데 밤새 재미있게 놀 수 있어. 그리고 우리 마을에 새 놀이 공원이 생겼는데 함께 많은 것을 할 수 있을 거야.
오겠다고 말하기 위해 나한테 전화해줘.
곧 보자,

11 Vous venez de finir vos examens et vous écrivez un e-mail à votre ami pour l'inviter chez vous. Vous lui proposez des activités. (60-80 mots)

핵심

시험이 끝난 후 친구를 집으로 초대하여 무엇인가를 제안하는 글을 작성해야 한다. 먼저 시험과 관련하여 긴장을 풀고 휴식을 취할 필요가 있다는 이유를 들어 친구를 초대하는 내용으로 작성한다. 그리고 친구가 왔을 때 같이 할 활동에 대해 구체적으로 기술한다.

Vous venez de finir vos examens et vous écrivez un e-mail à votre ami pour l'inviter chez vous. Vous lui proposez des activités. (60-80 mots)

어휘

venir de +동사원형 막 -하다
finir 끝마치다
examen (m) 시험
écrire 쓰다

해석

당신은 막 시험이 끝났고 당신 집에 친구를 초대하기 위해 친구에게 이메이를 보냅니다. 그에게 활동들을 제안하세요.

정답

Salut,

Comment vas-tu ? Nous venons de finir nos examens et on a besoin de se détendre, n'est-ce pas ? Qu'est-ce que tu vas faire ce samedi ? Mon père m'a acheté un vélo comme cadeau de mon anniversaire. Alors, je te propose d'aller au parc en vélo. Qu'est-ce que tu en penses ? À mon avis, ce sera bien d'aller au parc avec le vélo parce qu'on peut faire du sport en respirant l'air frais. D'ailleurs, il y aura une exposition spéciale près du parc et on pourra y visiter ensemble. Je pense que c'est une très bonne idée parce que tu adores l'art. Tu ne le trouves pas ?

Rappelle-moi vite !

À très bientôt

Isabelle

어휘

avoir besoin de -가 필요하다
acheter -을 사다
cadeau (m) 선물
respirer 숨을 쉬다
frais 신선한
spécial 특별한
idée (f) 생각
se détendre 긴장을 풀다
vélo (m) 자전거
avis (m) 의견
air (m) 공기
exposition (f) 전시회
visiter 방문하다
adorer 아주 좋아하다

해석

안녕,

어떻게 지내니? 우리 시험이 막 끝났으니까 긴장을 풀 필요가 있어, 그렇지 않니? 너 이번주 토요일에 뭐하니? 아빠가 나에게 생일 선물로 자전거를 사 주셨어. 그래서 자전거로 공원에 갈 것을 너에게 제안할게. 어떻게 생각하니? 내 의견으로는 자전거로 공원에 가는 것이 좋을 것 같은데 왜냐하면 맑은 공기를 마시면서 운동을 할 수 있기 때문이야. 게다가, 공원 가까이에서 특별 전시회가 열리는데 그곳을 함께 방문할 수 있을 거야. 네가 미술을 아주 좋아하니까 좋은 생각인 것 같아. 그렇게 생각하지 않니?

빨리 나한테 전화해줘!

곧 보자,

12 Vous habitez en France et votre ami étranger va passer une semaine chez vous. Vous proposez à votre ami français de faire des activités avec vous. (60-mots)

핵심

외국 친구가 집을 방문하였고 다른 친구에게 활동을 같이 하자는 제안을 하는 글이다. 무엇보다도 중요한 것은 이 이메일 또는 편지를 받는 대상자가 누구인지를 정확히 파악해야 하는데 왜냐하면 작문평가에서 대상자가 누구인지를 혼동하면 감점이 매우 크기 때문이다. 그리고 같이 할 활동으로는 유명한 기념물과 맛있는 음식점을 언급하고 외국인 친구를 소개시켜 주겠다는 내용으로 글을 작성한다.

Vous habitez en France et votre ami étranger va passer une semaine chez vous. Vous proposez à votre ami français de faire des activités avec vous. (60-mots)

어휘

habiter -에 살다
semaine (f) 주

étranger 외국의
français 프랑스의

해석

당신은 프랑스에 살고 있는데 당시의 외국 친구가 당신 집에서 일주일을 보낼 것입니다. 당신은 프랑스 친구에게 당신과 함께 활동할 것을 제안하세요.

정답

Salut,

Comment vas-tu ? Tu es toujours en vacances ? Voilà, j'ai une amie coréenne et elle vient d'arriver chez moi avant-hier. On va visiter Paris demain, alors je te propose d'y aller ensemble. Qu'est-ce que tu en penses ? On va visiter le musée du Louvre et on va monter à la tour Eiffel. Ce sera une bonne occasion pour toi de la connaître. D'ailleurs, comme tu t'intéresses beaucoup à la culture coréenne, tu pourras lui poser des questions à propos d'elle. Et puis, comme tu es gourmand, tu seras très content parce qu'on va dîner au restaurant coréen. Tu peux goûter le plat très délicieux.

Rappelle-moi vite !

À très bientôt

Aline

어휘

toujours 항상
arriver 도착하다
demain 내일
monter 오르다
gourmand 식도락가
dîner 저녁식사를 하다
délicieux 맛있는
coréen 한국의
avant-hier 그저께
musée (m) 미술관
culture (f) 문화
content 만족한
goûter 맛보다

해석

안녕,
어떻게 지내니? 여전히 방학 중이니? 다름이 아니라, 한국인 친구가 있는데 그저께 우리 집에 도착했어. 우리는 내일 파리를 방문할거야, 그래서 그곳에 함께 가자고 너에게 제안하려고. 어떻게 생각하니? 루브르 박물관을 방문하고 에펠탑을 올라갈 거야. 너에게는 그녀를 알 수 있는 좋은 기회가 될 거야. 게다가, 네가 한국 문화에 관심이 많으니까, 그것에 대해 그에게 질문을 할 수 있을 거야. 그리고 너는 식도락가니까 매우 만족할거야 왜냐하면 우리 한국 식당에서 저녁을 먹을 것 이거든. 아주 맛있는 음식을 맛볼 수 있을 거야.
빨리 나한테 전화해줘!
곧 보길 바라며,

13 Vous vivez à la campagne en France et vous allez visiter Paris en voiture le week-end prochain. Vous proposez à votre ami français d'y aller ensemble et vous lui proposez également des activités. (60-mots)

핵심

자동차로 파리를 방문할 것이라는 상황이 주어졌음으로 먼저 자동차로 여행을 하게 되는 경위를 간략하게 설명 한다 (운전면허증을 땄고 아버지가 차를 빌려주기로 했다는 등). 그리고 친구가 관심 있어 할 행사를 예로 들어 함께 갈 것을 제안한다.

Vous vivez à la campagne en France et vous allez visiter Paris en voiture le week-end prochain. Vous proposez à votre ami français d'y aller ensemble et vous lui proposez également des activités.

어휘

vivre 살다
voiture (f) 자동차
prochain 다음의
également 또한
campagne (f) 교외, 시골
week-end (m) 주말
ensemble 함께

해석

당신은 프랑스 교외에 살고 있고 다음 주말에 자동차로 파리에 갈 것입니다. 프랑스 친구에게 그 곳에 같이 가자고 제안을 하고 또한 활동들을 제안하세요.

정답

Salut,

Comment vas-tu ? J'ai une bonne nouvelle à t'annoncer. J'ai enfin obtenu mon permis de conduire. J'étais très content pace que mon père m'a promis de prêter sa voiture. Et Marie et moi, on va aller à Paris le week-end prochain en voiture. Bien sûr, je vais conduire. Tu veux venir avec nous ? On va visiter le musée du Louvre et la tour

Eiffel. D'ailleurs, c'est la fête du cinéma et il y aura beaucoup de films très intéressants. Comme tu adores le cinéma, on pourra en profiter. Qu'est-ce que tu en penses ? On va partir très tôt, donc envoie-moi un e-mail le plus tôt possible si tu acceptes ma proposition .

À très bientôt,

Frédéric

어휘

bon 좋은
annoncer 알리다
obtenir 획득하다
content 만족한
prêter 빌려주다
film (m) 영화
adorer 아주 좋아하다
nouvelle (f) 소식
enfin 마침내
permis de conduire (m) 운전면허증
promettre 약속하다
conduire 운전하다
intéressant 흥미로운
profiter 이용하다

해석

안녕,

어떻게 지내고 있니? 너에게 알려 줄 좋은 소식이 있어. 내가 마침내 운전면허증을 땄어. 나는 매우 만족했는데 왜냐하면 아버지께서 차를 빌려 주겠다고 약속하셨거든. 그리고 마리와 나는 다음 주에 차로 파리에 갈거야. 물론, 내가 운전할거야. 우리랑 같이 갈래? 우리는 루브르 박물관과 에펠탑을 방문할거야. 게다가, 영화 축제라서 매우 흥미로운 영화들이 많을거야. 네가 영화를 아주 좋아하니까, 이 기회를 이용할 수 있을거야. 어떻게 생각하니? 우리는 아주 일찍 떠날 거니까 네가 내 제안을 받아들이면 최대한 빨리 이메일을 보내줘.

곧 보기를 바라며,

14 Vous habitez en France et vous décidez de partir en vacances au pays étranger. Vous proposez à votre ami français d'y aller ensemble et vous lui proposez également des activités. (60-mots)

핵심

외국으로 여행을 떠난다는 주제로서 먼저 특정 나라를 설정하여 그 곳으로 갈 생각을 하게 된 이유를 설명한다. 그리고 외국 여행이 처음이라는 점을 이야기하고 함께 떠나자는 제안을 한다. 친구가 제안을 수락할 수 있게 하기 위해 여행에 대한 장점들 (비행기표 할인, 좋은 경험 등)을 설명하는 것이 중요하다.

Vous habitez en France et vous décidez de partir en vacances au pays étranger. Vous proposez à votre ami français d'y aller ensemble et vous lui proposez également des activités. (60-mots)

어휘

décider 결심하다
partir en vacances 휴가(방학)을 떠나다

해석

당신은 프랑스에 살고 있고 외국으로 휴가(방학)을 떠나기로 결심합니다. 프랑스 친구에게 그 곳에 함께 가자고 제안을 하고 또한 행동들을 제안하세요.

정답

Salut,

Comment vas-tu ? Tu sais que mon oncle habite au Canada depuis longtemps ? Il m'a invité chez lui et je vais passer mes vacances d'été au Canada. J'ai un peu peur parce que c'est la première fois que je voyage le pays étranger tout seul. Alors, j'aimerais voyager avec toi. Qu'est-ce que tu en dis ? D'ailleurs, mon oncle travaille dans une agence de voyage et il m'a promis d'acheter le billet d'avion avec le tarif réduit. Alors, je pense que c'est une très bonne occasion pour nous de faire l'expérience du pays étranger. On va visiter les monuments célèbres et rencontrer les jeunes de notre âge.

Il reste encore du temps pour partir, alors, tu réfléchis à ma proposition et puis réponds-moi !

À très bientôt,

Julien

어휘

oncle (m) 삼촌
longtemps 오랫동안
avoir peur 두렵다
seul 혼자
travailler 일하다
acheter 사다
tarif (m) 가격
expérience (f) 경험
Canada (m) 캐나다
passer 보내다
voyager 여행하다
dire 말하다
agence de voyage (f) 여행사
billet (m) 표
réduit 할인된
célèbre 유명한

해석

안녕,
어떻게 지내니? 내 오래전부터 캐나다에 살고 있는 내 삼촌 알지? 그가 자기 집으로 나를 초대해서 캐나다에서 여름 방학을 보내려고 해. 내가 혼자 외국을 처음으로 여행하기 때문에 약간 겁이 나. 그래서 너와 함께 여행하고 싶어. 네 생각은 어때? 게다가 삼촌이 여행사에서 일하고 있는데 할인 가격으로 비행기표를 사 준다고 약속했어. 그러니까 우리에게는 외국에 대한 경험을 할 수 있는 좋은 기회라고 생각해. 우리는 유명한 기념물들을 방문하고 우리 또래의 젊은이들을 만날 거야.
떠나려면 아직 시간이 남아 있으니까 내 제안을 잘 생각해보고 나한테 답변해줘!
곧 보기 바라며,

15 Vous habitez au pays francophone et vous voulez vous inscrire au club de sport pour apprendre à nager. Vous demandez à votre ami d'y s'inscrire avec vous et vous lui parlez des avantages. (60-mots)

핵심

스포츠클럽에 같이 등록하자고 부탁하는 것이 핵심 주제이다. 먼저 왜 운동을 하기로 했는지에 대해 설명하고 운동을 함으로써 얻게 되는 장점들을 구체적으로 기술해야 한다.

Vous habitez au pays francophone et vous voulez s'inscrire au club de sport pour apprendre à nager. Vous demandez à votre ami d'y inscrire avec vous et vous lui parlez des avantages.

어휘

francophone 프랑스어권의
club de sport (m) 스포츠클럽
nager 수영하다
avantage (m) 장점
s'inscrire à -에 가입하다
apprendre 배우다
demander 부탁하다

해석

당신은 프랑스어권 나라에 살고 있고 수영하는 것을 배우기 위해 스포츠클럽에 등록하기를 원합니다. 친구에게 당신과 함께 등록하자고 부탁하고 그에게 장점들에 대해 말하세요.

정답

Salut !

Comment vas-tu ? C'est bientôt les vacances et est-ce que tu as un projet ? Moi, je vais m'inscrire au club de sport pour apprendre la natation. J'étais malade la semaine dernière et le docteur m'a dit que c'était à cause du stresse et il m'a conseillé de faire du sport pour me détendre. À mon avis, la natation est un excellent sport non seulement pour la santé mais aussi pour la sécurité. Il est indispensable de savoir nager quand on va à la mer parce qu'il y a beaucoup d'accidents inattendus.

Alors, je te propose d'apprendre à nager avec moi. Il y a une belle piscine dans mon quartier et le club de sport fait une réduction du frais d'inscription en ce moment. J'attends ta réponse.

À très bientôt,

Marco.

어휘

projet (m) 계획
natation (f) 수영
docteur (m) 의사
se détendre 긴장을 풀다
sécurité (f) 안전
non seulement - mais aussi -뿐만 아닐 -도
accident (m) 사고
piscine (f) 수영장
frais d'inscription (m) 등록비
apprendre 배우다
malade 아픈
à cause de - 때문에
santé (f) 건강
inattendu 예기치 않은
réduction (f) 할인

해석

안녕,

어떻게 지내니? 곧 방학인데 계획 있어? 나는 수영을 배우기 위해 스포츠클럽에 등록하려고 해. 나는 지난 주에 아팠었는데 의사가 스트레스 때문에 그렇다고 내게 긴장을 풀기 위해서 운동을 하라고 권했어. 내 의견으로는 수영이 건강 뿐 아니라 안전을 위해서 훌륭한 운동인 것 같아. 우리가 바다에 갈 때 수영할 줄 아는 것이 필수적인데 왜냐하면 예상치 않은 사고들이 있기 때문이야.

그래서 나는 네게 나와 같이 수영하는 것을 배울 것을 제안할게. 동네에 좋은 수영장이 있는데 지금 등록비를 할인해주거든. 너의 답변을 기다릴게.

곧 보자,

16 Vous voulez vous inscrire à l'école de langues en France pour apprendre le français. Vous proposez à votre ami d'y s'inscrire avec vous et vous lui parlez des avantages.

핵심

어학연수와 관련한 주제로서 먼저 어학연수를 가기로 결심한 계기를 설정하는 것이 글의 전개상 바람직하다. 어학연수기간을 6개월 이상 생각해야 함으로 휴학을 한 상태라고 설정하는 것이 좋다. 그리고 어학연수를 갔을 때의 장점들로서 언어뿐 아니라 프랑스 문화와 프랑스 친구들을 사귈 수 있다는 점을 든다.

Vous voulez vous inscrire à l'école de langues en France pour apprendre le français. Vous proposez à votre ami d'y s'inscrire avec vous et vous lui parlez des avantages.

어휘

langue (f) 언어
France (f) 프랑스
français (m) 프랑스어

해석

당신은 프랑스어를 배우기 위해 프랑스에 있는 어학원에 등록하기를 원합니다. 당신과 함께 그곳에 등록할 것을 제안하고 장점에 대해 말하세요.

정답

Salut,

Comment vas-tu ? Je suis allé à l'université ce matin pour demander l'interruption de mes études pendant 1 an et j'ai entendu la nouvelle que tu avais aussi l'intention de t'arrêter tes études. Est-ce que tu as un projet après l'interruption de tes études ? Moi, je vais aller en France pour m'inscrire à l'école de langues. Tu ne veux pas aller en France avec moi ? On pourra apprendre non seulement le français mais aussi la culture française. Par exemple, on peut voir la tour Eiffel et on peut aussi visiter le musée du Louvre. D'ailleurs, c'est une bonne occasion pour nous de rencontrer les jeunes Français. Qu'est-ce que tu en dis ?

J'aimerais te voir demain au café pour se parler de ce stage.

Appelle-moi vite !

Olivier

어휘

aller –에 가다
interruption (f) 중단
nouvelle (f) 소식
culture (f) 문화
stage (m) 연수
université (f) 대학교
étude (f) 공부
s'arrêter 멈추다
jeune 젊은

해석

안녕,
어떻게 지내니? 나는 오늘 아침에 1년 동안 휴학을 신청하기 위해 대학교에 갔었는데 너도 공부를 중단할 생각이라는 소식을 들었어. 휴학 하고 나서 계획이 있니? 나는 어학원에 등록하기 위해 프랑스에 갈 거야. 나랑 같이 프랑스에 가지 않을래? 우리는 프랑스어뿐 아니라 프랑스 문화도 배울 수 있을 거야. 예를 들어 에펠탑에 올라갈 수도 있고 루브르 박물관도 방문할 수 있을거야. 게다가, 젊은 프랑스인들을 만나볼 수 있는 좋은 기회가 될거야. 어떻게 생각하니? 이 연수에 대해 서로 말하기 위해 내일 카페에서 너를 만났으면 좋겠어.
빨리 전화해줘!

17 Vous allez bientôt finir vos études et vous voulez faire un stage dans une entreprise. Vous proposez à votre ami de faire ce stage avec vous. Vous lui parlez des avantages. (60-mots)

핵심

기업 연수에 관한 주제로서 먼저 이에 대한 장점으로서 취직을 하는데 있어서 경력으로서 도움이 될 수 있다는 점을 강조한다. 그리고 사회에 대한 좋은 경험이 될 것이라는 사항을 들어 친구에게 같이 할 것을 제안한다.

Vous allez bientôt finir vos études et vous voulez faire un stage dans une entreprise. Vous proposez à votre ami de faire ce stage avec vous. Vous lui parlez des avantages. (60-mots)

어휘

bientôt 곧
finir 끝내다
entreprise (f) 기업

해석

당신은 곧 공부를 끝낼 것이고 기업에서 연수를 하기를 원합니다. 친구에게 당신과 함께 이 연수를 하자고 제안하고 장점들을 말하세요.

정답

Salut,

Comment vas-tu ? C'est bientôt la fin de nos études à l'université. Tu te souviens du jour où on s'est rencontré pour la première fois en première année ? On était tout jeune mais voilà, nous sommes déjà en quatrième année. Que le temps passe vite ! Ce matin, j'ai vu une annonce sur Internet qu'une grande entreprise cherche des stagiaires. Alors, j'ai l'intention de le faire et tu ne veux pas faire ce stage avec moi ? Tu sais très bien qu'il est difficile de trouver un travail en ce moment. Donc, ce sera avantageux pour nous d'avoir une bonne carrière quand on cherche un poste dans une compagnie. Et puis, on pourra avoir de la bonne expérience sur notre société avant de quitter l'université. Qu'est-ce que tu en penses ?

Si tu t'intéresses à ma proposition, rappelle-moi ou envoie-moi un e-mail.

À très bientôt,

Xavier.

어휘

fin (f) 끝
tout 아주
annonce (f) 광고
difficile 어려운
travail (m) 직장
carrière (f) 경력
société (f) 사회
se souvenir de –을 기억하다
quatrième 4번째
stagiaire 연수생
trouver 찾다
avantageux 이로운
expérience (f) 경험

해석

안녕,

어떻게 지내니? 곧 대학에서의 우리 마지막 학기가 되는구나. 일학년 때 처음으로 우리가 만났던 날을 기억하니? 아주 젊었었는데 벌써 4학년이 되었어. 시간 정말 빨라! 오늘 아침에 인터넷에서 기업에서 연수생을 찾는다는 광고를 봤어. 그래서 나는 그것을 할 생각인데 너 나와 함께 이 연수를 하고 싶지 않니? 요새 직장 구하는게 어렵다는 것을 너도 잘 알거야. 그래서 기업에서 자리를 찾을 때 우리에게 좋은 경력이 될 것 같아. 그리고 대학을 떠나기 전에 사회에 대한 좋은 경험을 할 수도 있고. 어떻게 생각하니?

내 제안에 관심이 있으면, 나한테 전화하거나 이메일을 보내줘.

곧 보기를 바라며,

18 Votre oncle va ouvrir un magasin à Paris et votre ami cherche du travail pendant les vacances. Vous proposez à votre ami d'y travailler avec vous. Vous lui parlez des avantages. (60-mots)

핵심

친구에게 일자리를 제안하는 주제로서 먼저 친구가 좋아하는 취미와 관련한 일을 제안하는 것으로 설정하는 게 효과적이다. 그리고 그 일을 함으로써 얻게 되는 이점에 대해서 설명한다.

Votre oncle va ouvrir un magasin à Paris et votre ami cherche du travail pendant les vacances. Vous proposez à votre ami d'y travailler avec vous. Vous lui parlez des avantages.

어휘

oncle (m) 삼촌
magasin (m) 상점
ouvrir 열다
chercher 찾다

해석

당신의 삼촌이 파리에서 상점을 열려고 하고 당신의 친구는 방학 동안 일자리를 찾고 있습니다. 친구에게 당신과 그 곳에서 함께 일할 것을 제안하세요. 그에게 장점들에 대해 말하세요.

정답

Salut,

Comment vas-tu ? Tu cherches encore du petit travail pendant les vacances d'été ? Si oui, j'ai une bonne nouvelle à t'annoncer. Mon oncle est en retraite et il va l'intention d' ouvrir son propre magasin de sport dans Paris. Alors, il m'a proposé de travailler pour lui pendant ces vacances. Je sais que tu adores le sport et je lui ai parlé de toi. Il veut te rencontrer et tu pourras travailler chez son magasin avec moi si tu veux. Qu'est-ce que tu en penses ? C'est un petit travail mais ce sera une bonne expérience pour toi parce que tu veux trouver un travail dans ce domaine.

Si tu t'intéresses à ce travail, rappelle-moi. Je vais prendre rendez-vous avec mon oncle pour toi.

À très bientôt

Arnaud

어휘

chercher 찾다
ouvrir 열다
expérience (f) 경험
être en retraite 정년퇴직하다
magasin (m) 상점

해석

안녕,

어떻게 지내니? 너 여전히 여름 방학 동안 아르바이트를 구하고 있니? 만일 그렇다면, 너에게 알려줄 좋은 소식이 있어. 내 삼촌이 정년퇴직을 하셨는데 파리에다 스포츠 상점을 개점할 생각이셔. 그래서 이번 방학 동안 삼촌을 위해 일할 것을 나에게 제안하셨어. 나는 네가 운동을 아주 좋아한다는 것을 알고 있어서 내가 삼촌에게 네 이야기를 했어. 삼촌이 너를 만나보고 싶어하시는데 네가 원하면 나와 함께 그의 상점에서 일할 수 있을 거야. 어떻게 생각하니? 아르바이트이기는 하지만 너한테는 좋은 경험이 될거야 왜냐하면 네가 이 분야에서 일하고 싶어하니까 말이야.

만일 이 일에 관심이 있으면 나에게 전화를 해 줘. 너를 위해 삼촌과 약속을 잡을게.

곧 다시 보자,

19 Vous adorez le chocolat et il y a un Salon de chocolats à Paris la semaine prochaine. Vous écrivez un e-mail à votre ami pour proposer d'y aller ensemble. Vous lui parlez des activités. (60-mots)

핵심

초콜릿 전시회와 관련한 글을 쓰는 것으로서 친구에게 같이 가자고 제안을 하는 경우 먼저 이 전시회가 무엇이 좋은 지에 대한 장점을 이야기 한다. 그리고 나서 함께 할 활동들에 대해 두 가지 이상 열거한다.

Vous adorez le chocolat et il y a un Salon de chocolats à Paris la semaine prochaine. Vous écrivez un e-mail à votre ami pour proposer d'y aller ensemble. Vous lui parlez des activités.

어휘

chocolat (m) 초콜릿
salon (m) 전시회
semaine (f) 주
écrire 쓰다

해석

당신은 초콜릿을 아주 좋아하는데 다음 주에 파리에서 초콜릿 전시회가 열립니다. 친구에게 그곳에 함께 가자고 제안하기 위해 이메일을 씁니다. 활동에 대해 이야기 하세요.

정답

Salut,

Comment vas-tu ? Moi, je vais très bien. J'ai une bonne nouvelle pour toi. Il y aura un grand Salon de chocolat à Paris la semaine prochaine et je te propose d'y aller avec moi. Comme tu es gourmand, tu vas y goûter toutes les sortes de produits en chocolat. Et puis, il y aura aussi une démonstration de grands chefs cuisiniers et on pourra apprendre comment faire du gâteau au chocolat.

D'ailleurs, ça fait longtemps qu'on n'a pas vu Xavier qui habite à Paris et ce sera une bonne occasion pour nous de le voir. Qu'est-ce que tu en penses ? Si tu es d'accord, je vais réserver deux billets de train pour Paris. Rappelle-moi vite !

À très bientôt

Marie

어휘

gourmand 식도락가
produit (m) 제품
cuisinier (m) 요리사
billet (m) 표
goûter 맛보다
démonstration (f) 시범
réserver 예약하다
train (m) 기차

해석

안녕,

어떻게 지내니? 나는 잘 지내. 다음 주에 파리에서 큰 초콜릿 전시회가 있는데 나랑 같이 갈 것을 제안할게. 너는 식도락가니까 초콜릿으로 만들 모든 종류의 제품들을 그 곳에서 맛볼 수 있을 거야. 그리고 요리 대가들의 시범이 있을 것인데 우리는 초콜릿 케익을 어떻게 만드는지 배울 수 있을 거야. 게다가 파리에 살고 있는 자비에를 보지 못한 지 오래 되었으니까 그를 보러 갈 수 있는 좋은 기회가 될 거야. 어떻게 생각하니? 네가 동의하면, 내가 파리행 기차표 2장을 예약할게. 빨리 전화해줘!

2
답장할 때

초대, 제안 또는 부탁 등과 관련한 이메일이나 편지를 받고 이에 대한 답장을 쓰는 유형이다. 답장의 경우 두 가지로 구분할 수 있는데 첫 째는 받은 내용에 대한 수락 또는 동의에 대한 답변이 가능하다. 두 번째는 받은 내용에 대한 거절의 답변인데 사실 시험 출제 가능성은 첫 번째 보다는 두 번째가 더 높다고 할 수 있다. 왜냐하면 수락의 경우는 쓸 내용이 그다지 많지 않은 반면 거절하는 경우는 왜 거절하는 지에 대한 이유를 밝혀야 하고 또한 다른 것을 제안하는 내용의 글을 써야 하기 때문에 내용과 양에서 더 풍부해지기 때문이다. 하지만 최근 A2 작문 시험은 받은 이메일에 대한 수락 또는 동의와 관련한 내용들이 지속적으로 출제되는 경향이 있다. 따라서 두 가지 경우를 다 염두에 두고 학습하는 것이 바람직하다.

01 Vous avez reçu un e-mail de votre ami.

> **Salut,**
>
> **Comment ça va ? Qu'est-ce que tu fais ce samedi ? C'est mon anniversaire et je vais inviter mes amis chez moi. Tu peux venir ?**

①

Vous acceptez son invitation et vous lui dites le jour et l'heure de votre arrivée.

② Vous refusez son invitation et vous lui proposez une autre activité.

해석

Vous avez reçu un e-mail de votre ami.
당신은 당신의 친구로부터 이 메일을 받았습니다.

Salut,
Comment ça va ? Qu'est-ce que tu fais ce samedi ? C'est mon anniversaire et je vais inviter mes amis chez moi. Tu peux venir ?

안녕,
어떻게 지내니? 이번 주 토요일에 뭐할 거니? 내 생일이라 집으로 친구들을 초대할거야. 너 올 수 있니?

어휘

recevoir 받다
accepter 수락하다
invitation (f) 초대
arrivée (f) 도착

① 수락할 때

Vous acceptez son invitation et vous lui dites le jour et votre arrivée.
당신은 그의 초대를 수락하고 그에게 당신의 도착 날짜와 시간을 말하세요.

핵심

생일 초대에 관한 답장의 글이다. 지시사항에서 초대를 수락하라고 했음으로 간단한 인사말과 함께 기꺼이 초대에 응하겠다는 말을 한다. 그리고 교통편과 관련한 사항과 더불어 도착 날짜와 시간을 알려주고 그 곳에 가서 어떠한 활동을 할 것인지에 대해서도 언급한다.

정답

Salut.

Je viens de recevoir ton message. Comment vas-tu ? Ça fait longtemps qu'on ne s'est pas vus depuis que j'ai déménagé à Paris (la campagne). J'essaie de t'envoyer un courriel mais je n'ai pas pu le faire parce que j'étais très occupé.

Je te remercie de m'avoir invité et j'accepte ton invitation avec plaisir. J'aimerais te voir parce que j'ai beaucoup de choses à te raconter. Je voudrais aussi rencontrer tes nouveaux amis.

Quand je réserve le billet, je vais t'envoyer un message pour t'annoncer la date et l'heure d'arrivée.

À très bientôt,

Paul

어휘

déménager 이사하다	avec plaisir 기꺼이
raconter 이야기하다	rencontrer 만나다
nouveau 새로운	envoyer 보내다
message (m) 메시지	date (f) 날짜

해석

너의 메일을 방금 받았어. 어떻게 지내니? 내가 파리(시골)로 이사간 이후 우리 서로 보지 못한 지 오래 되었지? 너에게 메일을 보내려고 했지만 너무 바빠서 그러지 못했어.
나를 초대해주어서 고맙고 기꺼이 너의 초대에 응할게. 너에게 말하고 싶은 것이 많아서 나도 너를 보고 싶어. 또한 너의 새 친구들도 만나보고 싶고.
내가 표를 예약하면, 너에게 도착 날짜와 시간을 알려주기 위해 메시지를 보낼게.
곧 보자,

② 거절할 때

Vous refusez son invitation et vous lui proposez une autre activité.
당신은 그의 초대를 거절하고 다른 활동을 그에게 제안 하세요

핵심

생일 초대를 거절하는 내용의 글임으로 무엇보다도 중요한 것은 왜 생일 초대에 응할 수 없는 지에 대한 구체적인 이유를 밝히는 것이다. 그리고 대신 다른 것을 하자는 제안을 한다.

정답

Salut.

Je viens de recevoir ton message. Comment vas-tu ? Ça fait longtemps qu'on ne s'est pas vus depuis que j'ai déménagé à Paris (la campagne). J'essaie de t'envoyer un courriel mais je n'ai pas pu le faire parce que j'étais très occupée.

Je te remercie de m'avoir invité. J'aimerais vraiment venir à ton anniversaire mais je ne peux pas parce que j'ai déjà un rendez-vous prévu avec mes amis. L'un de mes amis a eu un accident de voiture et il est à l'hôpital. Alors, nous y allons pour le voir ce samedi. Mais, qu'est-ce que tu vas faire samedi prochain ? Si tu es libre, j'aimerais te voir. On pourra voir un film et après, je vais t'inviter au dîner. Il y a un restaurant très célèbre dans mon quartier et le repas est vraiment délicieux. Qu'est-ce que tu en penses ?

Rappelle-moi !

어휘

prévu 예정된
accident (m) 사고
hôpital (m) 사고
libre 시간이 있는
film (m) 영화
dîner (m) 저녁식사
célèbre 유명한
quartier (m) 동네
repas (m) 식사
délicieux 맛있는

해석

너의 메일을 방금 받았어. 어떻게 지내니? 내가 파리(시골)로 이사간 이후 우리 서로 보지 못한 지 오래 되었지? 너에게 메일을 보내려고 했지만 너무 바빠서 그러지 못했어.
나를 초대해 줘서 고마워. 네 생일에 정말로 가고 싶지만 그럴 수가 없어 왜냐하면 친구들과 이미 선약이 있거든. 친구들 중 하나가 자동차 사고를 당해서 병원에 있어. 그래서 이번 주 토요일에 그를 보러 병원에 갈 거야. 다음 주 토요일에 뭐할 거니? 만약 시간이 있으면 너를 보고 싶어. 영화를 보고 그리고 나서 저녁 식사에 너를 초대할게. 동네에 매우 유명한 식당이 있는데 음식이 아주 맛있어. 어떻게 생각해?
전화해줘!

02 Vous avez reçu un e-mail de votre ami.

Salut,

Comment ça va ? Je ne t'ai pas vu depuis que ma famille a déménagé à la campagne il y a deux mois. Tu me manques beaucoup.

C'est bientôt les vacances et est-ce que tu as un projet ? Si tu es libre, j'aimerais t'inviter chez moi. Tu peux venir avec ton ami si tu veux.

①

Vous acceptez son invitation et vous lui parlez des activités que vous voulez faire.

②

Vous refusez son invitation et vous lui proposez une autre activité.

해석

Vous avez reçu un e-mail de votre ami.
당신은 당신의 친구로부터 이 메일을 받았습니다.

Salut,
Comment ça va ? Je ne t'ai pas vu depuis que ma famille a déménagé à la campagne il y a deux mois. Tu me manques beaucoup.
C'est bientôt les vacances et est-ce que tu as un projet ? Si tu es libre, j'aimerais t'inviter chez moi. Tu peux venir avec ton ami si tu veux.

안녕,
어떻게 지내니? 두달 전에 가족이 시골로 이사를 간 후 너를 보지 못했네. 너를 많이 보고 싶어. 곧 방학인데 계획이 있니? 시간이 있으면, 우리 집에 너를 초대하고 싶어.
네가 원하면 친구와 같이 와도 돼.

어휘

mois (m) 달, 월
bientôt 곧
libre 시간이 있는
manquer 보고 싶다
projet (m) 계획

① 수락할 때

Vous acceptez son invitation et vous lui parlez des activités que vous voulez faire.

그의 초대를 수락하고 당신이 하고 싶은 활동에 대해 그에게 말하세요.

핵심

주말의 집 초대와 관련한 수락의 글을 쓰는 내용이다. 집 초대이니만큼 이사간 집에 대해 어떤 지를 물어보는 것이 좋다. 그리고 초대에 기꺼이 응한다는 말과 함께 친구의 집에서 무엇을 하고 싶은 지에 대해 구체적으로 두 가지 이상을 적는다.

정답

Salut,

Comment vas-tu ? C'est vrai que je ne t'ai pas vu depuis deux mois. Que le temps passe vite ! Alors, tu t'es bien installé ? Comment va ta nouvelle école ? Et les camarades de ta classe sont sympas ? Et ta nouvelle maison ? Elle est grande ou petite ? Est-ce qu'elle a un jardin ? Merci de m'avoir invité chez toi parce que je voulais toujours vivre dans une maison à la campagne.

J'accepte bien sûr ton invitation et j'aimerais tellement beaucoup de choses à faire avec toi. Tout d'abord, je vais visiter ta région et je veux me promener avec toi en profitant du paysage magnifique. Et puis, j'aimerais goûter des plats régionaux très délicieux.

Je vais demander à mon ami s'il peut venir avec moi et je vais te dire le jour et l'heure d'arrivée dans mon e-mail.

À très bientôt,

Xavier

어휘

vrai 사실의
classe (f) 교실
jardin (m) 정원
région (f) 지역
paysage (m) 풍경
s'installer 정착하다
maison (f) 집
vivre 살다
profiter 이용하다
magnifique 훌륭한

해석

어떻게 지내니? 두 달 전부터 너를 보지 못한 것이 사실이네. 시간 정말 빨리 가네! 그래서 너는 잘 정착했니? 너의 새 학교는 어때? 학급 친구들은 상냥하니? 그리고 너의 새 집은? 크니 아니면 작니? 정원이 있니? 너의 집으로 나를 초대해줘서 고마워 왜냐하면 시골에 있는 집에서 나는 늘 살고 싶었거든.
물론 너의 초대를 수락하고 너와 함께 할 것이 정말 많아. 우선 너의 지역을 방문할 것이고 아름다운 경치를 만끽하면서 너와 산책할거야. 그리고 아주 맛있는 지역 음식을 맛보고 싶어.
내 친구에게 나와 함께 갈 수 있는지를 물어보고 이 메일에다 도착 날짜와 시간을 알려줄게.
곧 보자,

② 거절할 때

Vous refusez son invitation et vous lui proposez une autre activité.

당신은 그의 초대를 거절하고 다른 활동을 그에게 제안 하세요

핵심

집들이 초대를 거절하는 내용의 답장을 쓰는 경우 피치 못할 선약이 있다는 이유를 대야 한다. 그리고 그 이유에 대해 납득할 수 있을 만한 설명을 하고 다른 때의 만남을 제안하고 무엇을 할 것인지에 대해 기술한다.

정답

Salut.

J'ai bien reçu ton message. Comment vas-tu ? Alors, tu t'es bien installé ? Comment va ta nouvelle école ? Et les camarades de ta classe sont sympas ? Et ta nouvelle maison ? Elle est grande ou petite ? Est-ce qu'elle a un jardin ? Merci de m'avoir invité chez toi et j'aimerais tellement visiter ta nouvelle maison, mais je ne peux pas accepter ton invitation. Mes grands-parents habitent à la campagne et ils veulent me voir depuis quelques mois. Alors, je vais chez eux samedi prochaine. Mais je vais aller ta région le mois prochain pour mes affaires personnelles. Alors, j'aimerais te voir si tu es libre. On pourra dîner ensemble et je voudrais visiter les monuments célèbres de cette région avec toi. Qu'est-ce que tu en dis ?

Je vais t'envoyer un e-mail pour te dire la date exacte de mon arrivée.

À très bientôt,

Xavier

어휘

grands-parents 조부모
prochain 다음의
exact 정확한
région (f) 지역
personnel 개인적인

해석

안녕,
네 메시지를 잘 받았어. 어떻게 지내니? 너는 잘 정착했니? 너의 새 학교는 어때? 학급 친구들은 상냥하니? 그리고 너의 새 집은? 크니 아니면 작니? 정원이 있니? 너의 집으로 나를 초대해줘서 고마워. 너의 새 집을 정말로 방문하고 싶지만 너의 초대의 수락할 수가 없어. 나의 조부모님이 시골에 살고 계시는데 몇 달 전부터 나를 보고 싶어하셔. 그래서 다음 주 토요일에 할아버지 할머니 집에 갈거야. 그렇지만 개인적인 용무 때문에 다음 달에 너의 지역에 갈 거야. 그래서 네가 시간이 되면 너를 보고 싶어. 함께 저녁 먹고 너와 함께 그 지의 유명한 기념물을 방문하고 싶어. 어떻게 생각하니?
내 도착의 정확한 날짜를 너에게 말하기 위해 이 메일을 보낼게.
곧 보자,

03 Vous avez reçu un e-mail de votre ami.

Salut,

Comment ça va ? Quel temps fait-il là-bas ? Il fait très beau ici et il y aura toujours du soleil le week-end. Moi, je vais pique-niquer à la campagne ce week-end. Tu peux venir ?

①

Vous acceptez son invitation et vous lui parlez des activités que vous voulez faire. (60-80 mots)

②

Vous refusez son invitation et vous lui proposez une autre activité.

해석

Vous avez reçu un e-mail de votre ami.
당신은 당신의 친구로부터 이 메일을 받았습니다.

Salut,
Comment ça va ? Quel temps fait-il là-bas ? Il fait très beau ici et il y aura toujours du soleil le week-end. Moi, je vais pique-niquer à la campagne ce week-end. Tu peux venir avec moi ?

안녕,
어떻게 지내니? 거기 날씨는 어때? 여기는 날씨가 아주 좋고 주말에도 해가 날 거야. 나는 이번 주말에 피크닉 갈 거야. 나랑 같이 갈래?

어휘

temps (m) 날씨
ici 여기에
pique-niquer 피크닉하다
beau 좋은
soleil (m) 태양

① 수락할 때

Vous acceptez son invitation et vous lui parlez des activités que vous voulez faire.
그의 초대를 수락하고 당신이 하고 싶은 활동에 대해 그에게 말하세요.

핵심

주말에 피크닉을 같이 가자는 제안에 대한 수락의 글이다. 날씨와 관련된 이야기로 시작되었음으로 간단히 날씨에 대해 언급하면서 글을 시작한다. 이 글에서 가장 중요한 것은 피크닉을 가서 함께 할 활동에 대해 열거하는 것이며 먹는 것과 관련되어 있는 것이므로 포도주를 가져가겠다는 정도의 말로 마무리를 한다.

정답

Salut,

Je viens de recevoir ton message. Comment vas-tu ? Il pleut depuis 3 jours ici et je me sens un peu triste à cause du mauvais temps. Alors, j'accepte ta proposition avec plaisir parce que j'aimerais prendre l'air sous le beau soleil. Et puis, mes parents vont aller à Paris pour rencontrer leurs amis ce week-end et je ne veux pas rester seul à la maison. On pourra jouer au ballon ou se promener dans un forêt. Après, on va faire un barbécue et je vais apporter un bon vin.

À quelle heure part-on ? Tu as décidé la destination ? Envoie-moi un e-mail pour que je puisse savoir des informations plus précises !

À très bientôt,

Marco.

어휘

pleuvoir 비가 오다
mauvais 나쁜
rester 머물다
apporter 가져가다
vin (m) 포도주
précis 구체적인
triste 슬픈
parents 부모
jouer au ballon 공놀이를 하다
bon 맛있는
destination (f) 예정지

해석

안녕,

네 메시지를 방금 받았어. 어떻게 지내니? 여기는 3일 전부터 비가 오고 있는데 나쁜 날씨 때문에 약간 우울해. 그래서 기꺼이 너의 제안을 받아들일게 왜냐하면 밝은 태양 아래서 바람을 쐬고 싶거든. 그리고 부모님께서 이번 주말에 친구들을 만나기 위해 파리에 가시는데 집에 혼자 있고 싶지 않아. 우리는 공놀이를 하거나 숲을 산책할수 있을 거야. 그리고 나서 바비큐를 하고 내가 좋은 포도주를 가져갈게.

몇 시에 떠날 거니? 예정지는 정했니? 좀 더 구체적인 정보를 알기 위해 내게 이 메일을 보내줘!

곧 보자,

② 거절할 때

Vous refusez son invitation et vous lui proposez une autre activité.

당신은 그의 초대를 거절하고 다른 활동을 그에게 제안 하세요

핵심

지시사항에 따라 주말 초대를 거절하는 답장을 써야 한다. 같이 주말을 보내고 싶지만 거절할 수 밖에 없는 이유를 구체적으로 설명하고 다음에 만나서 하고 싶은 제안을 전한다.

정답

Salut,

J'ai bien reçu ton e-mail et comment vas-tu ? J'aimerais passer le week-end avec toi mais je ne peux pas. J'ai joué au football avec mes amis avant-hier sous la pluie et j'ai de la fièvre depuis ce jour-là. Et puis, je tousse aussi et j'ai mal à la tête. Je suis allé chez le médecin hier et il m'a conseillé de me reposer en prenant des médicaments jusqu'à ce week-end.

Qu'est-ce que tu vas faire le week-end prochain ? Il y aura une exposition spéciale de Monet au musée de notre ville. Comme tu aimes bien ce peintre, ce sera une bonne occasion pour toi d'apprécier ses beaux tableaux. Et puis, on va aussi se promener au lac près de chez moi. Qu'est-ce que tu en penses ?

Réponds-moi !

À très bientôt !

Marco.

어휘

football (m) 축구
pluie (f) 비
tousser 기침하다
médicament (m) 약
musée (m) 미술관
lac (m) 호수
avant-hier 그저께
fièvre (f) 열
tête (f) 머리
exposition (f) 전시회
peintre 화가

해석

안녕,
네 이 메일 잘 받았어 어떻게 지내니? 나도 너와 함께 주말을 보내고 싶은데 그럴 수가 없어. 내가 그저께 친구들과 비를 맞으며 축구를 했는데 그날부터 열이 있어. 그리고 기침도 하고 머리도 아파. 어제 의사에게 갔었는데 이번 주말까지 약을 먹으며 휴식을 취하라고 권해주었어.
다음 주말에는 뭐할 거니? 우리 마을의 미술관에서 모네 특별 전시회가 있을 거야. 너는 이 화가를 아주 좋아하니까 그의 아름다운 그림들을 감상할 수 있는 좋은 기회가 될거야. 그리고 내 집 가까이에 있는 호수를 산택할 거야. 어떻게 생각해? 답장해줘 !
곧 다시 보자,

04 Vous avez reçu un e-mail de votre ami.

Salut,

Comment vas-tu ? C'est bientôt la rentrée. Qu'est-ce que tu fais ce samedi ? Mon école organise une fête et j'aimerais t'inviter. Tu peux venir avec tes amis si tu veux.

①

Vous acceptez son invitation et vous lui parlez des activités que vous voulez faire. (60-80 mots)

②

Vous refusez son invitation et vous lui proposez une autre activité.

해석

Vous avez reçu un e-mail de votre ami.
당신은 당신의 친구로부터 이 메일을 받았습니다.

Salut,
Comment vas-tu ? C'est bientôt la rentrée. Qu'est-ce que tu fais ce samedi ? Mon école organise une fête et j'aimerais t'inviter. Tu peux venir avec tes amis si tu veux.

안녕,
어떻게 지내니? 곧 개학이네. 시간이 빨리 지나가는 것 같아, 안 그래? 너 이번 토요일에 뭐하니? 우리 학교가 축제를 하는데 너를 초대하고 싶어. 네가 원하면 친구들과 함께 와도 돼.

어휘

rentrée (f) 개학
samedi 토요일
organiser 개최하다
venir 오다
faire -을 하다
école (f) 학교
fête (f) 축제

① 수락할 때

Vous acceptez son invitation et vous lui parlez des activités que vous voulez faire. (60-80 mots)

그의 초대를 수락하고 당신이 하고 싶은 활동에 대해 그에게 말하세요.

핵심

학교 축제와 관련한 초대에 대한 수락의 글이다. 상황의 원활한 전개를 위해서는 응시자는 메일을 보낸 사람과 같은 학교에 다니지 않는다는 것을 전제로 글을 써야 한다. 따라서 만난 지 시간이 꽤 되었다는 인사말로 글을 시작하고 그렇잖아도 학교 축제에 꼭 한 번 가보고 싶었다는 글을 쓴다. 또한 축제에서 벌어지는 다양한 행사를 즐기고 싶다는 말과 함께 친구도 같이 데려 가겠다는 말을 한다. 그리고 기차로 도착할 것이라는 말과 함께 학교를 어떻게 찾아갈 수 있는지를 메일로 알려달라는 말로 마무리한다.

정답

Salut,

J'ai bien reçu ton e-mail et comment vas-tu ? Ça fait longtemps qu'on ne s'est pas vus depuis que j'ai déménagé à Paris (la campagne). J'essaie de t'envoyer un courriel mais je n'ai pas pu le faire parce que j'étais très occupé. J'étais très content quand j'ai reçu ton e-mail parce que je n'ai jamais l'occasion d'aller à la fête de l'école. Alors, j'accepte ton invitation avec plaisir et j'aimerais passer le bon moment avec toi. Et j'ai parlé à l'un de mes amis de cette fête et il veut y venir avec moi. On va y aller en train et envoie-moi un e-mail pour qu'on puisse savoir l'adresse de ton école ainsi que le programme de cette fête.

À très bientôt,

Fabien

어휘

content 만족한
train (m) 기차
savoir 알다
ainsi que -와 더불어
occasion (f) 기회
envoyer 보내다
adresse (f) 주소

해석

안녕,

네 이 메일을 잘 받았어 어떻게 지내니? 내가 파리 (시골)로 이사한 후로 우리가 보지 못한 지 오래 되었지. 너한테 메일을 보내려고 했는데 그러지 못 했어 왜냐하면 너무 바빴기 때문이었어. 너의 이 메일을 받았을 때 너무 기뻤는데 왜냐하면 나는 학교 축제에 가 볼 기회가 전혀 없었거든. 그래서 기꺼이 너의 초대를 받아들일 게 그리고 너와 함께 좋은 시간을 보내고 싶어. 이 축제에 대해 내 친구들 중 한명에게 말했는데 나와 함께 그 곳에 가고 싶어 해. 우리는 기차로 그 곳에 갈 거니까 이 축제 프로그램과 더불어 너의 학교의 주소를 알 수 있도록 내게 메일을 보내줘.

곧 다시 보자,

② 거절할 때

Vous refusez son invitation et vous lui proposez une autre activité.
당신은 그의 초대를 거절하고 다른 활동을 그에게 제안 하세요

핵심

축제와 관련한 초대를 거절하는 글의 경우 토요일에 행하는 행사와 관련하여 개인적인 사정을 통해 거절의 이유를 밝힌다. 그리고 다른 시기에 만날 것을 제안하고 무엇을 할 것인가에 대해 기술한다.

정답

Salut,

J'ai bien reçu ton e-mail et comment vas-tu ? Je ne t'ai pas vu depuis que nous sommes sortis du lycée. Tu me manques. Moi, je vais très bien.

Je voudrais bien accepter ton invitation mais je ne peux pas parce que j'ai un examen très important la semaine prochaine et je dois travailler à la bibliothèque ce week-end. J'aimerais tellement te voir mais je n'ai pas le choix. Comme nous sommes étudiants, il est important d'avoir une bonne note à l'examen, n'est-ce pas ? Mais qu'est-ce que tu fais au mois d'octobre ? J'ai l'intention d'aller à Paris parce qu'il y aura un concert de Céline Dion. Comme tu l'aimes bien comme moi, on pourra y aller ensemble. On peut bien s'amuser et je vais t'inviter au dîner après le concert. Qu'est-ce que tu en penses ?

Si tu es d'accord, je vais réserver deux places. Réponds-moi vite !

À très bientôt,

Fabien

어휘

sortir 외출하다, 졸업하다
examen (m) 시험
bibliothèque (f) 도서관
étudiant (m) 학생
avoir l'intention de –할 작정이다
réserver 예약하다
lycée (m) 고등학교
important 중요한
choix (m) 선택
note (f) 점수
concert (m) 공연

해석

안녕,
네 이 메일을 잘 받았는데 어떻게 지내니? 우리가 고등학교를 졸업한 이후 너를 보지 못했구나. 네가 보고 싶다. 나는 잘 지내고 있어.
너의 초대를 정말로 수락하고 싶은데 그럴 수가 없어 왜냐하면 다음 주에 매우 중요한 시험이 있어서 이번 주말에 도서관에서 공부해야 되거든. 나도 너를 정말 보고 싶기는 하지만 선택의 여지가 없어. 우리가 학생이니까 시험에서 좋은 점수를 받는 것이 중요하잖아, 안 그래? 근데 10월 달에 뭐할 거니? 쎌린 디옹 콘서트가 있어서 나 파리에 갈 생각이거든. 너도 나처럼 그녀를 아주 좋아하니까, 그 곳에 함께 갈 수 있을 거야? 재미있게 놀 것이고 공연이 끝난 후 내가 저녁 식사에 초대할게. 어떻게 생각해?
네가 동의한다면 내가 두 자리를 예약할게. 빨리 답변해 줘 !
곧 보자,

05 Vous avez reçu un e-mail de votre ami.

Salut,

Comment vas-tu ? C'est bientôt la fin de cette année et on va faire une petite fête pour le réveillon de fin d'année. Tu peux venir ?

①

Vous acceptez son invitation et vous lui parlez des activités que vous voulez faire. (60-80 mots)

②

Vous refusez son invitation et vous lui proposez une autre activité.

해석

Vous avez reçu un e-mail de votre ami.
당신은 당신의 친구로부터 이 메일을 받았습니다.

Salut,
Comment vas-tu ? C'est bientôt la fin de cette année et on va faire une petite fête pour le réveillon de fin d'année. Tu peux venir ?

안녕,
어떻게 지내니? 곧 올해도 끝이 나서 연말 망년회를 위한 작은 파티를 하려고 해. 너 올 수 있니?

어휘

fin (f) 끝
fête (f) 파티
année (f) 연, 해
réveillon (f) 망년회

① 수락할 때

Vous acceptez son invitation et vous lui parlez des activités que vous voulez faire. (60-80 mots)
그의 초대를 수락하고 당신이 하고 싶은 활동에 대해 그에게 말하세요.

핵심

연말 파티 초대에 관한 수락의 글을 쓰는 것이 주제이다. 간단한 인사말과 함께 즐거운 시간을 함께 보냈으면 좋겠다는 말을 하면서 초대를 수락한다. 그리고 파티에서 하고 싶은 것들이나 만나서 함께 할 활동들에 대해 언급한다. 마지막으로 장소나 시간과 관련한 정보를 알려달라는 글로 마무리한다.

정답

Salut,

Je viens de recevoir ton message. Comment vas-tu ? Toi et moi, on a voyagé ensemble pendant les vacances d'été et ça fait déjà 6 mois que je ne t'ai pas pas vu depuis ce voyage. Comme le temps passe vite !

J'accepte ton invitation avec plaisir. J'étais toujours avec ma famille au jour du réveillon jusqu'à présent et je n'ai jamais fait cette fête avec mes amis. Alors, j'aimerais passer le bon moment avec toi à la fin d'année. Je vais apporter un bon vin pour la fête et on pourra prendre un verre en souhaitant une bonne année. Et puis, je voudrais aussi rencontrer tes amis dont tu m'as beaucoup parlé. Où est le lieu de la fête ? À quelle heure commence la fête ? Envoie-moi un e-mail pour que je puisse savaoir plus d'informations sur cette fête.

À très bientôt,

Frédéric

어휘

recevoir 받다	voyager 여행하다
apporter 가져가다	vin (m) 포도주
parler de -에 대해 말하다	lie (m) 장소
commencer 시작하다	information (f) 정보

해석

안녕,
너의 메시지를 받았어? 어떻게 지내니? 너하고 내가 여름 방학 동안 여행을 했는데 이 여행 이후 너를 보지 못한 지 벌써 6개월이 되었어. 시간 정말 빠르네!
기꺼이 너의 초대를 받아들일게. 나는 지금까지 망년회날에 항상 가족과 함께 있었고 친구들과 이 파티를 해 본 적이 없어. 그래서 연말을 너와 함께 좋은 순간을 보내고 싶어. 파티를 위해 내가 좋은 포도주를 가져 갈테니까 좋은 한 해를 기원하며 술 한 잔 할 수 있을 거야. 그리고 네가 나에게 많이 말했던 너의 친구들을 만나고 싶어. 파티 장소가 어디니? 몇 시에 파티를 시작하니? 이 파티에 대한 더 많은 정보를 내가 알 수 있도록 내게 메일을 보내줘!
곧 보기를 바라며,

② 거절할 때

Vous refusez son invitation et vous lui proposez une autre activité.

당신은 그의 초대를 거절하고 다른 활동을 그에게 제안 하세요

핵심

망년회 초대에 대해 거절하는 내용의 글이다. 멀리 떨어져 있는 가족과 함께 보내기로 선약이 되어 있다는 이유를 대고 함께 할 활동에 대해 제안한다.

정답

Salut,

Je viens de recevoir ton message. Comment vas-tu ? Je voudrais accepter ton invitation mais je ne peux pas. Mes grands-parents habitent loin de chez moi et ma famille leur a promis de visiter chez eux au jour du réveillon. Ils nous attendent avec impatience et je ne peux pas annuler la promesse.

Qu'est-ce que tu vas faire pendant les vacances ? Si tu es libre, j'aimerais t'inviter chez moi. Ma nouvelle maison n'est pas grande mais très agréable et il y a aussi un joli jardin. Et puis, il y a un forêt près de chez moi et on pourra se promener en se parlant de la vie scolaire ou de la vie privée. Tu aimes toujours l'animal ? J'ai un chien maintenant et je vais te le présenter. Je suis sûr qu'on va bien s'amuser. Envoie-moi un e-mail le plus vite possible si tu es d'accord.

À très bientôt

Frédéric

어휘

promettre 약속하다
avec impatience 애타게
promesse (f) 약속
privé 사적인
chien (m) 개
attendre 기다리다
annuler 취소하다
forêt (m) 숲
animal (m) 동물

해석

안녕,
네 메시지를 받았어. 어떻게 지내니? 너의 초대를 받아들이고 싶지만 그럴 수가 없어. 할머니 할아버지께서 우리 집에서 멀리 떨어져 사시는데 가족이 망년회 날 그들의 집에 가기로 약속했거든. 우리를 애타게 기다리셔서 약속을 취소할 수가 없어.
방학 때 뭐할 거니? 시간이 되면, 내 집으로 너를 초대하고 싶어. 새 집은 크지는 않지만 매우 안락하고 예쁜 정원도 있어. 그리고 집 가까이에 숲이 있어서 학교생활이나 사생활에 대해 서로 말하면서 산책을 할 수 있을 거야. 너 여전히 동물을 좋아하니? 이제 나 개를 키우는데 너에게 소개해줄게. 우리가 재미있게 놀 거라고 확신해. 네가 동의하면 최대한 빨리 나에게 이메일을 보내줘.
곧 보기를 바라며,

06 Vous avez reçu un e-mail de votre ami.

> **Salut,**
>
> **Comment vas-tu ? Voilà il y a un concours de la musique organisé par la mairie ce samedi et je vais y participer. Tu peux venir pour m'encourager ?**

①

Vous acceptez sa demande et vous lui parlez des activités que vous voulez faire. (60-80 mots)

②

Vous refusez sa demande et vous lui proposez une autre activité.

해석

Vous avez reçu un e-mail de votre ami.
당신은 당신의 친구로부터 이 메일을 받았습니다.

Salut,
Comment vas-tu ? Voilà il y a un concours de la musique organisé par la mairie ce samedi et je vais y participer. Tu peux venir pour m'encourager ?

안녕,
어떻게 지내니? 다름이 아니라 이번 주 토요일에 시청에서 주최하는 음악 경연대회가 있는데 나 참가할 거야. 나를 격려해주기 위해 올 수 있니?

어휘

demande (f) 요구

① 수락할 때

Vous acceptez sa demande et vous lui parlez des activités que vous voulez faire. (60-80 mots)
그의 부탁을 수락하고 당신이 하고 싶은 활동에 대해 그에게 말하세요.

핵심

음악 경연대회에 출전하는 친구의 응원하러 와 달라는 부탁에 대한 승낙의 글이다. 간단한 안부 인사와 함께 친구가 대회를 위해 열심히 준비했다는 것을 잘 알고 있다는 말을 한다. 그리고 다른 친구들과도 연락을 해서 함께 가서 응원하겠다는 말로 마무리 한다.

정답

Salut,

J'ai bien reçu ton courriel. Comment vas-tu ? Je me souviens bien que tu aimais jouer au piano quand on était au lycée. Je suis très content que tu continues à faire ce que tu aimes. Je vais venir à ce concours pour l'encourager. Je suis sûr que tu vas avoir un bon résultat parce que tu étais déjà un excellent pianiste quand tu étais lycéen. J'ai envoyé des e-mails à nos amis et ils pourront tous venir pour te supporter. On va faire une petite fête après le concours et on passera une belle soirée entre amis.

J'aimerai savoir l'heure du concours et envoie-moi un e-mail, d'accord ?

À très bientôt

Patrick

어휘

courriel (m) 전자우편
concours (m) 대회
résultat (m) 결과
supporter 응원하다
content 만족한
encourager 격려하다
excellent 훌륭한

해석

안녕,
네 이메일 잘 받았어. 어떻게 지내니? 고등학교 다닐 때 네가 피아노 치는 것을 좋아했던 것을 내가 잘 기억하고 있어. 네가 좋아하는 것을 계속 하고 있어서 매우 만족해. 너를 격려하기 위해 그 대회에 갈게. 네가 좋은 결과를 얻을 것이라고 확신 해 왜냐하면 네가 고등학생일 때 너는 이미 훌륭한 피아니스트였으니까 말야. 내가 친구들에게 이 메일을 보냈는데 모두 너를 응원하러 갈 거야. 대회 끝나고 자그마한 파티를 열고 친구들 끼리 좋은 저녁시간을 보내자.
대회 시간을 알고 싶으니까 나에게 이 메일을 보내줘, 알았지?
곧 보기를 바라며,

② 거절할 때

Vous refusez sa demande et vous lui proposez une autre activité.
당신은 그의 부탁을 거절하고 다른 활동을 그에게 제안 하세요

핵심

경연대회는 하루에 진행됨으로 마침 그 날 다른 선약이 있다는 말과 함께 그 약속이 매우 중요하다는 점을 들어 부탁을 거절하는 형식으로 글을 쓴다. 그리고 다른 약속을 제안하면서 함께 할 활동을 제안한다.

정답

Salut,

J'ai bien reçu ton courriel. Comment vas-tu ? Je me souviens bien que tu as joué au piano devant tes camarades quand on était au lycée. Je ne savais pas que tu joues encore au piano.

Je voudrais vraiment venir au concours pour t'encourager mais je ne peux pas. J'ai un rendez-vous prévu avec mon ami. Il va au Canada la semaine prochaine pour ses études et il y va rester pendant 5 ans. Alors, comme il n'a pas le temps de me voir et il m'a proposé de se rencontrer ce samedi. Mais je suis sûr que tu vas avoir un bon résultat au concoures.

C'est bientót les vacances d'hiver et qu'est-ce que tu vas faire pendant ces vacances ?

Je vais passer deux semaines à la montagne avec mes amis. Tu peux y venir ? On va faire du camping et on pourra aussi faire du ski. Tu aimes le sport et on va bien s'amuser. Qu'est-ce que tu en penses ?

Envoie-moi un e-mail pour me dire oui !

À très bientôt

Patrick

어휘

étude (f) 공부
pendant –동안
montagen (f) 산
sport (m) 운동
rester 머물다
hiver 겨울
camping (m) 캠핑

해석

안녕,
네 이메일 잘 받았어. 어떻게 지내니? 고등학교 다닐 때 네가 네 친구들 앞에서 피아노 연주 했던 것을 내가 잘 기억하고 있어. 네가 피아노를 계속 치는 줄은 몰랐었어.
정말 너를 응원해주기 위해 대회에 가고 싶지만 그럴 수가 없어. 내 친구와 선약이 있거든. 그가 공부 때문에 다음 주에 캐나다에 가는데 5년 동안 그곳에 있을 거야. 나를 볼 시간이 없어서 이번 주 토요일에 만날 것을 제안했거든. 그렇지만 네가 대회에서 좋은 결과를 얻을 것이라고 확신해.
곧 겨울방학인데 이번 방학 동안에 뭐할 거니? 나는 친구들과 함께 2주 동안 산에서 지낼 거야. 올 수 있니? 캠핑을 하고 스키를 탈 거야. 너는 스포츠를 좋아하니까 재미있게 지낼 수 있을 거야. 어떻게 생각해?
오겠다고 나한테 이 메일을 보내줘!
곧 다시 보길 바라며,

07 Vous avez reçu un e-mail de votre ami.

Salut,

Comment vas-tu ? Je vais en France cet été pour faire un stage organisé par une école de langues et j'aimerais y aller avec toi. Comme tu voulais toujours visiter la France, je pense que c'est une bonne occasion pour toi.

Réponds-moi vite !

①

Vous acceptez sa proposition et vous lui parlez des activités que vous voulez faire. (60-80 mots)

②

Vous refusez sa proposition et vous lui proposez une autre activité.

해석

Vous avez reçu un e-mail de votre ami.
당신은 당신의 친구로부터 이 메일을 받았습니다.

Salut,
Comment vas-tu ? Je vais en France cet été pour faire un stage organisé par une école de langues et j'aimerais y aller avec toi. Comme tu voulais toujours visiter la France, je pense que c'est une bonne occasion pour toi.
Réponds-moi vite !

안녕,
어떻게 지내니? 나 어학원에서 운영하는 연수를 위해 이번 여름에 프랑스에 갈건데 너랑 같이 가고 싶어. 너는 프랑스에 늘 가고 싶어 했으니까 너에게 좋은 기회라고 생각해.
빨리 답장해줘!

어휘

été 여름
langue (f) 언어
penser 생각하다
stage (m) 연수
visiter 방문하다

① 수락할 때

Vous acceptez sa proposition et vous lui parlez des activités que vous voulez faire. (60-80 mots)
그의 제안을 수락하고 당신이 하고 싶은 활동에 대해 그에게 말하세요.

핵심

어학 연수와 관련한 제안을 수락하는 내용의 글을 작성하는 문제이다. 프랑스어 뿐 아니라 문화를 배울 수 있는 좋은 기회라는 말을 하면서 제안에 응한다. 그리고 프랑스에 가서 하고 싶은 것에 대해 이야기한다.

정답

Salut,

J'ai bien reçu ton courriel. Comment vas-tu ? Moi, je vais bien. J'accepte ta propostion avec plaisir. En fait, j'avais l'intention d'aller en France cet été mais j'avais un peu peur parce que je n'ai jamais visité seul le pays étranger. Mes parents seront aussi contents si j'y vais avec toi. Ce sera une bonne occasion d'apprendre le français et la culture française. J'aimerais visiter le musée du Louvre et la tour Eiffel avec toi. Et puis, je voudrais rencontrer les jeunes Français.

Envoie-moi un courriel pour que je puisse savoir plus d'informations sur ce stage.

À très bientôt

Gérard

어휘

proposition (f) 제안
avoir peur 무섭다
apprendre 배우다
jeune 젊은
en fait 사실
ne - jamais 결코 -아니다
culture (f) 문화

해석

안녕,

네 메일 잘 받았어. 어떻게 지내니? 난 잘 지내고 있어. 너의 제안을 기꺼이 받아들일게. 사실 나는 이번 여름에 프랑스에 갈 생각이었지만 외국을 혼자 처음 여행한 적이 없어서 약간 무서웠거든. 내가 너랑 같이 그 곳에 간다면 부모님께서도 만족해 하실 거야. 프랑스어와 프랑스 문화를 배울 수 있는 좋은 기회가 될 거야. 루브르 박물관이랑 에펠탑을 방문하고 싶어. 그리고 젊은 프랑스인들을 만나고 싶어.
이 연수에 대해 더 많은 정보를 알 수 있도록 내게 메일을 보내줘.
곧 다시 보길 바라며,

② 거절할 때

Vous refusez sa proposition et vous lui proposez une autre activité.
당신은 그의 제안을 거절하고 다른 활동을 그에게 제안 하세요

핵심

같이 연수를 가자는 제안을 거절하는 내용의 글로서 상대방이 납득할 수 있는 만한 이유를 들어 거절한다. 그리고 상대방이 마음에 들어 할 만한 다른 제안을 제시한다.

정답

Salut,

J'ai bien reçu ton courriel. Comment vas-tu ? Moi, je vais bien. Tu voulais voyager la France depuis longtemps et tu as enfin décidé d'y aller. Je vourdais accepter ta proposition mais je ne peux pas. J'ai trouvé un petit travail dans un hôtel et je vais travailler tout au long de cet été. Comme j'aimerais devenir hôtelier, ce sera une bonne occasion pour moi de faire l'expérience de ce domaine.

Est-ce que tu es libre le week-end prochaine ? J'aimerais te voir avant que tu partes en France. Un grand magasin vient d'ouvrir dans notre ville et il y a une grande promotion en ce moment. On pourra faire du shoping ensemble. Et puis on peut voir un bon film ou bien on peut aussi dîner au restaurant. Qu'est-ce que tu en penses ?

Réponds-moi vite !

À très bientôt,

Gérard

어휘

travail (m) 일
expérience (f) 경험
tout au long de -내내
promotion (f) 할인
hôtel (m) 호텔
domaine (m) 분야
avant que -전에

해석

안녕, 네 이메일을 잘 받았어? 어떻게 지내니? 나는 잘 지내고 있어. 오래 전부터 프랑스를 여행하고 싶어 하더니 마침내 그 곳에 가기로 결정했구나. 너의 제안을 받아들이고 싶지만 그럴 수가 없어. 호텔에서 아르바이트를 구해서 이번 여름 내내 일할 거야. 나는 호텔 경영자가 되고 싶기 때문에 이 분야에서 경험을 할 수 있는 내게 좋은 기회가 될거야.
다음 주말에 시간 있니? 네가 프랑스로 떠나기 전에 너를 보고 싶어. 백화점이 우리 도시에 개점하였는데 지금 큰 할인판매 중이야. 우리 함께 쇼핑을 할 수 있을 거야. 그리고 좋은 영화를 보거나 아니면 식당에서 저녁을 먹을 수도 있고. 어떻게 생각해?
빨리 답장을 해줘!
곧 보기를 바라며,

08 Vous avez reçu un e-mail de votre ami.

Salut,

Comment vas-tu ? C'est bientôt l'anniversaire de ma mère et j'aimerais faire du gâteau moi-même pour elle. Comme tu as suivi les cours à l'école de cuisine, tu pourras m'aider ?

①

Vous acceptez sa demande et vous lui demandez des informations plus précises à propos de l'anniversaire. (60-80 mots)

②

Vous refusez sa demande et vous lui proposez une autre activité.

해석

Vous avez reçu un e-mail de votre ami.
당신은 당신의 친구로부터 이 메일을 받았습니다.

Salut,
Comment vas-tu ? C'est bientôt l'anniversaire de ma mère et j'aimerais faire du gâteau moi-même pour elle. Comme tu as suivi les cours à l'école de cuisine, tu pourras m'aider ?

안녕,
어떻게 지내니? 곧 내 어머니 생신인데 그 녀를 위해 내가 케이크를 만들고 싶어. 너는 요리학교에서 수업을 들었으니까, 나를 도와줄 수 있니?

어휘

anniversaire (m) 생일
suivre 듣다
cuisine (f) 요리
mère (f) 어머니
cours (m) 수업
aider 돕다

① 수락할 때

Vous acceptez sa demande et vous lui demandez des informations plus précises à propos de l'anniversaire. (60-80 mots)
그의 부탁을 수락하고 생일에 대한 좀 더 자세한 정보들을 요구하세요.

핵심

어머니 생일을 위해 케이크를 직접 만드는 것을 도와달라는 부탁을 수락하라는 내용이다. 케이크 만드는 법을 요리학원에서 배웠다는 말을 하고 기꺼이 도와주겠다고 한다. 그리고 어머니 생일이 언제인지, 준비해야 할 것은 무엇인지에 대해 언급한다.

정답

Salut,

J'ai bien reçu ton courriel. Comment vas-tu ? Moi, je vais bien. Je travaille dans une pâtisserie après avoir suivi les cours à l'école de cuisine. Je me souviens bien que ta mère m'a bien accueilli quand je suis resté chez toi l'année dernière. Je t'aiderai à faire du gâteau avec plaisir. Mais, j'aimerais savoir plus informations pour l'anniversaire de ta mère. Quel genre de gâteau veux-tu ? Quelle est la date exacte de l'anniversaire de ta mère ? Qu'est-ce que je dois apporter ?

Envoie-moi un e-mail avant que je réserve le billet de train !

À très bientôt,

Pascal

어휘

courriel (m) 메일	pâtisserie (f) 제과점
suivre 듣다	cuisine (f) 요리
se souvenir de -을 기억하다	accueillir 환대하다
aider 돕다	genre (m) 종류
date (f) 날	avant que -이전에

해석

안녕,

네 메일을 잘 받았어. 어떻게 지내니? 난 잘 지내고 있어. 요리학원에서 수업을 들은 후 나는 제과점에서 일하고 있어. 작년에 내가 너의 집에 머물렀을 때 너의 어머니가 나를 환대해주신 것을 잘 기억하고 있어. 어머니는 건강하시니? 네가 케이크를 만드는 것을 기꺼이 도와줄게. 그런데 어머니 생일을 위한 좀 더 구체적인 정보를 알고 싶어. 어떤 종류의 케이크를 원하니? 어머니 생일의 정확한 날짜가 언제야? 내가 무엇을 가져가야 하니?

내가 기차표를 예약하기 전에 이 메일을 보내줘!

곧 다시 보기 바라며,

② 거절할 때

핵심

어머니 생일 케이크 만드는 것을 도와달라는 부탁을 거절해야 하는 내용의 글을 써야 한다. 생일 날짜가 나타나 있지 않기 때문에 거절의 이유를 댈 때 하루나 이틀의 단 기간에 해야 할 일로 인해 거절하는 내용을 쓰기가 쉽지 않다. 따라서 장기간 출장이나 여행 등의 이유를 들어 부탁을 거절하는 것이 좋다. 그리고 다른 기회에 만날 것을 제안하며 만나서 무엇을 할 것인지에 대해 적는다.

정답

Salut,

J'ai bien reçu ton courriel. Comment vas-tu ? Moi, je vais bien. Je travaille dans une pâtisserie après avoir suivi les cours à l'école de cuisine. Je me souviens bien que ta mère m'a bien accueilli quand je suis resté chez toi l'année dernière. Je voudrais t'aider à faire du gâteau mais je ne pourrai pas accepter ta demande. Mon oncle va ouvrir une boulangerie en province et il m'a demandé de l'aider. Alors, je vais travailler chez son magasin pendant 6 mois à partir de la semaine prochaine.

Mais qu'est-ce que tu vas faire pendant les vacances ? Comme je vais rester pas mal de temps en province, je te propose de passer quelques jours avec moi en province.

Je pense que tu travailles trop et tu as besoin de te reposer. On pourra se détendre en se promenant dans la forêt. Ou bien, on peut faire de la montagne pour la santé.

Réponds-moi et dis bonjour à ta mère de ma part !

À très bientôt,

Pascal.

어휘

boulangerie (f) 빵가게	province (f) 지방
magasin (m) 상점 se	se détendre 긴장을 풀다
montagne (f) 산	santé (f) 건강

해석

안녕,
네 메일을 잘 받았어. 어떻게 지내니? 난 잘 지내고 있어. 요리학원에서 수업을 들은 후 나는 제과점에서 일하고 있어. 작년에 내가 너의 집에 머물렀을 때 너의 어머니가 나를 환대해주신 것을 잘 기억하고 있어. 네가 케이크를 만드는 것을 도와주고는 싶지만 너의 부탁을 들어줄 수가 없어. 삼촌이 지방에 빵가게를 여시는데 도와달라고 나에게 부탁했어. 그래서 다음 주부터 6개월 동안 상점에서 일할 거야.
방학 때 뭐할 거니? 내가 지방에서 적지 않은 시간을 지낼 것이기 때문에 지방에서 나와 함께 며칠 보낼 것을 제안할게.
너는 공부를 너무 열심히 해서 휴식을 취할 필요가 있다고 생각해. 숲을 산책하면서 긴장을풀 수 있을 거야. 그렇지 않으면, 건강을 위해 산에 올라갈 수가 있어.
내 대신에 어머니께 안부를 전해줘 !
곧 다시 보자,

09 Vous avez reçu un e-mail de votre ami.

Salut,

Comment vas-tu ? Mes amis et moi, on va monter sur la scène pour jouer une pièce de théâtre. On a travaillé dur pendant les vacances. Comme c'est la première fois qu'on va jouer devant le public, Tu peux venir m'encourager ?

①

Vous acceptez sa demande et vous lui demandez des informations plus précises à propos de ce spectacle. (60-80 mots)

②

Vous refusez sa demande et vous lui proposez une autre activité.

해석

Vous avez reçu un e-mail de votre ami.
당신은 당신의 친구로부터 이 메일을 받았습니다.

Salut,
Comment vas-tu ? Mes amis et moi, on va monter sur la scène pour jouer une pièce de théâtre. On a travaillé dur pendant les vacances. Comme c'est la première fois que je vais jouer devant le public, Tu peux venir m'encourager ?

안녕,
어떻게 지내니? 내 친구들과 나는 연극을 공연하기 위해 무대에 오를 거야. 방학 동안 열심히 연습했어. 내가 대중 앞에서 연기하는 것이 처음이니까 나를 격려해주기 위해 올 수 있니?

어휘

scène (f) 무내
pièce (f) 연극
public (m) 대중
encourager 격려하다

① 수락할 때

Vous acceptez sa demande et vous lui demandez des informations plus précises à propos de ce spectacle. (60-80 mots)
그의 부탁을 수락하고 공연에 대한 좀 더 자세한 정보들을 요구하세요.

핵심

연극 초대에 관한 수락의 글로서 먼저 간략한 안부와 함께 친구가 연극에 관심이 있었는지 몰랐다고 뜻밖이라는 말을 한다. 그리고 열심히 연습한 만큼 잘 할 것이라는 격려와 함께 친구들과 함께 가겠다는 의사를 밝힌다. 또한 언제 어디서 하는 지를 묻는다.

정답

Salut,

J'ai bien reçu ton courriel. Comment vas-tu ? Moi, je vais bien. C'était une surprise pour moi quand j'ai reçu ton e-mail parce que je ne savais pas que tu t'intéressais au théâtre. Comme tu as fait beaucoup de répétitions pendant les vacances, je suis sûr que tout se passera bien. Évidemment, je serai là pour t'encourager .

Alors, quel est le titre de la pièce ? Quand aura lieu ce spectacle ? Je vais à ton école pour le voir ? Sinon, donne-moi l'adresse de l'endroit de ce spectacle. Et puis, l'un de mes amis aime beaucoup le théâtre et je vais lui parler de ton spectacle. Il va sûrement venir avec moi si je lui demande d'y aller ensemble.

J'espère qu'on aura l'occasion de se parler après le spectacle.

À très bientôt,

Garou

어휘

surprise (f) 놀라움
théâtre (m) 연극
titre (m) 제목
endroit (m) 장소
occasion (f) 기회
savoir 알다
répétition (f) 연습
adresse (f) 주소
sûrement 확실히

해석

안녕,
네 메일을 잘 받았어. 어떻게 지내니? 나는 잘 지내고 있어. 네 메일을 받았을 때 놀랐는데 왜냐하면 네가 연극에 관심이 있는 줄 몰랐거든. 방학 동안에 연습을 많이 했으니까 모든 것이 잘 될 것이라고 확신해. 물론 나는 너를 응원하러 거기에 갈 거야.
그런데 연극 제목이 뭐니? 이 공연은 언제 하니? 공연을 보기 위해 너의 학교로 가면 되니? 그렇지 않으면 이 공연의 장소 주소를 나에게 알려줘. 그리고 내 친구들 중에 한 명이 연극을 아주 좋아하는데 그에게 함께 가자고 제안하면 분명 나랑 같이 갈거야.
공연이 끝난 후 우리가 이야기할 시간이 있었으면 좋겠어.
곧 다시 보자,

② 거절할 때

핵심

친구의 연극 초대를 거절하는 내용의 글을 쓴다. 먼저 간략한 인사를 하고 고등학교 때부터 연극을 좋아하더니 꿈을 향해 열심히 노력하고 있어서 보기 좋다는 내용을 적는다. 거절의 내용에 있어서 중요한 것은 언제 공연을 한다는 말이 없기 때문에 거절의 이유를 단 기간에 해당하는 활동을 들어서는 안된다는 점이다. 그리고 6개월 정도 뒤에 만나자는 제안과 함께 같이 할 활동에 대해 언급하고 마지막 부분에서는 공연이 잘될 것이라고 믿는다는 말을 한다.

정답

Salut,

J'ai bien reçu ton courriel. Comment vas-tu ? Moi, je vais bien. Tu voulais toujours devenir acteur de théâtre et je suis content que tu fais des efforts pour réaliser ton rêve. J'aimerais absolument venir pour t'encourager mais je ne peux pas. En fait, je travaille dans une compagnie depuis l'année dernière après le lycée et je dois partir en voyage d'affaire au Canada pendant six mois. Alors, je ne pourrai pas venir à ton spectacle.

Qu'est-ce que tu vas faire pendant ces vacances d'hiver ? Comme je vais rester au Canada jusqu'à l'année prochaine, tu pourras venir me voir ? Je sais que tu aimes faire du ski et on va s'amuser en skiant ensemble.

À très bientôt,

Garou

어휘

acteur (m) 배우
réaliser 실현시키다
absolument 절대적으로
affaire (f) 일, 사업
effort (m) 노력
rêve (m) 꿈
compagnie (f) 회사
ski (m) 스키

해석

안녕,
네 메일을 잘 받어. 어떻게 지내니? 나는 잘 지내. 너는 항상 연극배우가 되고 싶어했는데 네 꿈을 실현시키기 위해 노력하는 것에 대해 만족스러워. 너를 응원하기 위해 꼭 가고 싶지만 그럴 수가 없어. 사실, 고등학교를 졸업하고 작년부터 회사에서 일하고 있는데 6개월 동안 캐나다로 출장을 가야 해. 그래서 너의 공연에 가지 못할 것 같아.
이번 겨울 방학 때 뭐할 거니? 내가 내년까지 캐나다에 머무를테니까, 나를 보러 올래? 네가 스키타는 것을 좋아하는 거 내가 아니까 함께 스키를 타면서 재미있게 지내자.
곧 다시 보길 바래,

10 Vous avez reçu un e-mail de votre ami.

> **Salut,**
>
> **Comment vas-tu ? Voilà, j'ai trouvé un petit travail dans un restaurant pendant les vacances. Tu ne veux pas travailler avec moi ? Je peux te présenter au directeur si tu veux.**

①

Vous acceptez sa proposition et lui demandez des informations plus précises à propos de ce travail. (60-80 mots)

②

Vous refusez sa proposition et vous lui proposez une autre activité.

해석

Vous avez reçu un e-mail de votre ami.
당신은 당신의 친구로부터 이 메일을 받았습니다.

Salut,
Comment vas-tu ? Voilà, j'ai trouvé un petit travail dans un restaurant pendant les vacances. Tu ne veux pas travailler avec moi ? Je peux te présenter au directeur si tu veux.

안녕,
어떻게 지내니? 다름이 아니라, 방학 동안 식당에서 아르바이트 자리를 찾았어. 나랑 같이 일하고 싶지 않니? 네가 원하면 사장님에게 너를 소개해줄 수 있어.

어휘

trouver 발견하다
travail (m) 일
directeur (m) 사장
petit 작은
présenter 소개하다

① 수락할 때

Vous acceptez sa proposition et vous lui demandez des informations plus précises à propos de ce travail. (60-80 mots)
그의 제안을 수락하고 이 일에 대한 좀 더 자세한 정보들을 요구하세요.

핵심

같이 일하자는 제의에 대해 수락하는 글이다. 무엇보다도 아르바이트를 함으로써 자신이 얻게 되는 장점에 대해 언급함으로써 수락의 이유를 드는 것이 중요하다. 그리고 아르바이트에 대한 자세한 정보를 묻는다.

정답

Salut,

J'ai bien reçu ton courriel. Comment vas-tu ? Moi, je vais bien. En fait, je voulais chercher du travail pendant les vacances parce que j'ai besoin de gagner de l'argent pour voyager le pays étranger l'année prochaine. Alors, je te remercie de m'avoir proposé un travail et j'accepte ta proposition avec plaisir.

Je pourrai non seulement gagner de l'argent mais aussi avoir de l'expérience sociale. J'aimerais savoir plus d'informations à propos de ce travail. Combien de jours travaille-t-on par semaine ? On ne travaille pas le dimanche ? Combien d'argent peut-on gagner par heure ?

À partir de quand commence-t-on le travail ? Envoie-moi un e-mail pour en savoir plus !

À très bientôt,

Jacques

어휘

chercher 찾다
gagner 벌다
social 사회적인
avoir besoin de -을 필요로 하다
voyager 여행하다
dimanche 일요일

해석

안녕,
네 메일을 잘 받았어. 어떻게 지내니? 나는 잘 지내. 사실 방학 동안에 일자리를 찾기를 원했는데 왜냐하면 내년에 외국을 여행하기 위해 돈을 벌 필요가 있거든. 그래서 나에게 일자리를 제안해준 너에게 고맙고 기꺼이 너의 제안을 수락할게.
나는 돈을 벌 뿐 아니라 사회적 경험을 할 수 있을 거야. 이 일에 대해 더 많은 정보를 알기를 원해. 일주일에 며칠 일하니? 일요일에는 일하지 않니? 시간 당 얼마니? 언제부터 일을 시작하니? 더 많은 것을 알기 위해 나에게 메일을 보내줘!
곧 다시 보기를,

② 거절할 때

핵심

일자리를 제안하는 글에 대한 거절의 답변을 작성해야 한다. 생일초대와 같이 하루나 이틀기간의 관련한 초대나 제안이 아니기 때문에 일정 기간의 활동이 이미 잡혀 있다는 이유로 거절하는 것이 바람직하다. 그리고 다른 기간을 정하여 초대하는 방식으로 글을 이끌어간다.

정답

Salut,

J'ai bien reçu ton courriel. Comment vas-tu ? Moi, je vais bien. J'aimerais accepter ta proposition parce que c'est une bonne occcasion de te voir plus souvent en travaillant ensemble. Malheuresement, je ne peux pas accepter ta proposition parce que j'ai déjà un autre projet. Je me suis inscrit au club de sport et je vais participer au camp d'entraînement cet été. Comme notre équipe de football y va tous venir exception, je n'ai pas le choix.

Mais jusqu'à quand tu vas travailler ? Comme le camp est tout près de la plage, tu pourras y passer quelques jours avec moi. On peut faire du camping et on pourra se baigner ou se bronzer sur la plage. Qu'est-ce que tu en penses ?

J'attends ta réponse,

À très bientôt,

Jacques

어휘

malheureusement 불행히도
participer à -에 참여하다
entraînement (m) 훈련
exception (f) 예외
se baigner 해수욕하다
projet (m) 계획
camp (m) 캠프
équipe (f) 팀
choix (m) 선택
se bronzer 일광욕하다

해석

네 메일을 잘 받았어. 어떻게 지내니? 난 잘 지내고 있어. 너의 제안을 받아들이고 싶어 왜냐하면 함께 일하면서 너를 더 자주 볼 수 있는 좋은 기회이니까 말이야. 불행히도, 너의 제안을 받아들일 수가 없는데 왜냐하면 이미 다른 계획이 있거든. 내가 스포츠 클럽에 가입했는데 이번 여름에 훈련 캠프에 참가할 거야. 축구 팀이 예외없이 모두 그 곳에 가야 하기 때문에 선택의 여지가 없어.
너 언제까지 일하니? 캠프가 해변가에서 아주 가까이에 있으니까, 나와 함께 그 곳에서 며칠 지낼 수 있을 거야. 캠핑을 할 수 있고 해변가에서 해수욕을 하거나 일광욕을 할 수 있어.
어떻게 생각하니? 답변 기다릴게.
곧 보기를 바라며.
안녕,

11 Vous avez reçu un e-mail de votre ami.

Salut,

Comment vas-tu ? Je pense que tu es aussi invité au mariage de Max. Tu as acheté le cadeau de son mariage ? Si tu ne l'as pas encore acheté, je te propose de l'acheter ensemble.

①

Vous acceptez sa proposition et lui demandez des informations plus précises à propos du mariage. (60-80 mots)

②

Vous refusez sa proposition et vous lui proposez une autre activité.

해석

Vous avez reçu un e-mail de votre ami.
당신은 당신의 친구로부터 이 메일을 받았습니다.

Salut,
Comment vas-tu ? Je pense que tu es aussi invité au mariage de Max. Tu as acheté le cadeau de son mariage ? Si tu ne l'as pas encore acheté, je te propose de l'acheter ensemble.

안녕.
어떻게 지내니? 너도 막스의 결혼식에 초대받았을 것이라고 생각해? 그의 결혼 선물을 샀니? 만일 아직 사지 않았다면 함께 그것을 살 것을 제안할게.

어휘

invitcr 초대하다	acheter 사다
cadeau (m) 선물	mariage (m) 결혼
ensemble 함께	

① 수락할 때

Vous acceptez sa proposition et vous lui demandez des informations plus précises à propos du mariage. (60-80 mots)
그의 제안을 수락하고 결혼에 대한 좀 더 자세한 정보들을 요구하세요.

핵심

결혼식 선물을 공동으로 구매하자는 제안에 대한 승낙의 답변이다. 그렇잖아도 선물을 무엇을 사야 할지 몰라 고민하고 있었는데 잘 되었다는 말로 제안을 수락한다. 그리고 어떠한 선물을 살 것인지, 비용은 얼마 정도를 생각하고 있는지에 대한 구체적인 정보를 알려달라고 부탁한다.

정답

Salut,

J'ai bien reçu ton courriel. Comment vas-tu ? Moi, je vais bien. Moi aussi, je suis invité au mariage de Max. J'ai été surpris par la nouvelle de son mariage parce que je ne savais pas qu'il avait une fiancée. J'accepte ta proposition à propos du cadeau de mariage. En fait, je n'ai pas pu décider quel cadeau je dois lui offrir. Si on l'achète ensemble, on pourra choisir le cadeau plus précieux.

Est-ce que tu as une bonne idée pour son cadeau de mariage ? Et qu'est-ce qu'on va faire pour le prix ? Où est-ce qu'on l'achète ?

J'aimerais discuter avec toi sur ces points et rappelle-moi vite parce que qu'il ne nous reste pas beaucoup de temps pour décider le cadeau.

À très bientôt,

Marion

어휘

inviter 초대하다	mariage (m) 결혼
fiancée (f) 약혼녀	décider 결정하다
offrir 제공하다	précieux 가치있는
prix (m) 가격	discuter 논의하다

해석

안녕,

네 이메일 잘 받았어. 어떻게 지내니? 나는 잘 지내고 있어. 나도 막스의 결혼식에 초대받았어. 그의 결혼 소식에 놀랐는데 왜냐하면 나는 그가 약혼자가 있는 줄 몰랐었거든. 결혼 선물과 관련한 너의 제안을 받아들일게. 사실 그에게 어떤 선물을 줘야 할지 결정하지 못했거든. 우리가 함께 그것을 산다면 좀 더 가치 있는 선물을 고를 수 있을 거야.

결혼 선물에 대해 좋은 생각이 있니? 가격은 어떻게 할 거야? 어디서 살 거니? 이 점들에 대해 너란 논의하고 싶으니 빨리 내게 전화해줘 왜냐하면 선물을 결정하는데 우리게게 많은 시간이 있는 게 아니니까 말야.

곧 다시 보기를 바라며,

② 거절할 때

핵심

결혼 선물을 공동으로 구매하자는 제안을 거절하는 내용으로 글을 써야 한다. 적당한 이유를 들어 결혼식에 참석할 수 없다고 설명하고 선물과 관련해서는 이미 구입을 해서 결혼하는 친구에게 보냈다고 말한다. 그리고 특별한 때를 설정하여 그를 초대하고 함께 할 활동에 대해 제안한다.

정답

Salut,

J'ai bien reçu ton courriel. Comment vas-tu ? Moi, je vais bien. J'étais très content quand j'ai appris cette nouvelle parce que je savais qu'il aimait Marie depuis longtemps.

Je suis aussi invité à la cérémonie de son mariage mais je ne pourrai pas y assister car je pars en vacances avec ma famille et je serai en Angleterre à ce jour-là. J'ai acheté une jolie vase avec ma femme et je l'ai envoyé à Max avant-hier. Alors, tu devrais trouver quelqu'un d'autre pour acheter un cadeau avec toi.

Mais qu'est-ce que tu vas faire pendant les vacances ? Ça fait presque 2 mois que je ne t'ai pas vu, alors tu me manques. Alors, j'aimerais t'inviter chez moi et qu'est-ce que tu en penses ? J'ai acheté un petit bateau et on pourra pêcher. Je suis sûr qu'on va bien s'amuser.

Rappelle-moi !

À très bientôt,

Marion

어휘

content 만족한
nouvelle (f) 소식
assister 참석하다
avant-hier 그저께
pêcher 낚시하다
apprendre 배우다, 듣다
cérémonie (f) 예식
vase (f) 꽃병
bateau (m) 배

해석

안녕,
네 이메일 잘 받았어. 어떻게 지내니? 난 잘 지내고 있어. 내가 그 소식을 접했을 때 매우 만족했는데 왜냐하면 나는 그가 오래전부터 마리를 좋아했다는 것을 알고 있었거든. 나도 막스의 결혼식에 초대받았지만 참석할 수 없어 왜냐하면 가족과 함께 휴가를 떠나서 그 날 영국에 있을 거야. 아내와 함께 예쁜 꽃병을 사서 그저께 막스에게 보냈어. 그래서 너와 함께 선물을 살 다른 누군가를 구해야 할 거야.
그런데 휴가 때 뭐할 거니? 네가 너를 보지 못한 지 거의 2달인데 네가 보고 싶어. 그래서 너를 내 집에 초대하고 싶은데 어떻게 생각해? 내가 조그마한 배를 샀는데 우리 낚시할 수 있을 거야. 우리가 재미있게 지낼 것이라고 확신해.
전화해줘!
곧 보기를 바라며,

12 Vous avez reçu un e-mail de votre ami.

Salut,

Comment vas-tu ? Notre lycée va organiser une fête pour les anciens élèves. Alors, je vais y aller et on y va ensemble ?

①

Vous acceptez sa proposition et lui demandez des informations plus précises à propos de cet événement. (60-80 mots)

②

Vous refusez sa proposition et vous lui proposez une autre activité.

해석

Vous avez reçu un e-mail de votre ami.
당신은 당신의 친구로부터 이 메일을 받았습니다.

Salut,
Comment vas-tu ? Notre lycée va organiser une fête pour les anciens élèves. Alors, je vais y aller et on y va ensemble ?

안녕,
어떻게 지내니? 우리 고등학교가 졸업생들을 위해 파티를 준비하고 있어. 그래서 나 갈 건데 함께 갈까?

어휘

lycée (m) 고등학교
fête (f) 축제
élève 학생
organiser 개최하다
ancien 이전의

① 수락할 때

Vous acceptez sa proposition et vous lui demandez des informations plus précises à propos de cet événement. (60-80 mots)
그의 제안을 수락하고 이 행사에 대한 좀 더 자세한 정보들을 요구하세요.

핵심

졸업생들을 위한 파티에 같이 가자는 제안을 승낙하는 글이다. 오랜 만에 학교도 가보고 친구들도 만나고 싶다는 말과 함께 이 축제에 대한 보다 자세한 내용들에 대해 묻는다.

정답

Salut,

J'ai bien reçu ton courriel. Comment vas-tu ? Moi, je vais bien. D'abord je te remercie de m'avoir annoncé cette nouvelle. En fait, j'ai changé de mon adresse ainsi que le numéro de téléphone parce que j'ai récemment déménagé. C'est la raison pour laquelle je n'ai pas reçu la nouvelle de cette fête.

J'accepte ta proposition avec plaisir. J'aimerais y aller parce que cela fait déjà 4 ans que je suis sorti du lycée et elle me manque. Je voudrais aussi rencontrer mes anciens professeurs et mes anciens camarades de classe. Et puis, on pourra jouer au basketball ensemble.

Envoie-moi un courriel pour que je puisse savoir plus d'informations sur cette fête (la date, l'heure, etc).

À très bientôt,

Olivier

어휘

annoncer 알리다
changer 바꾸다
recevoir 받다
basketball (m) 농구
récemment 최근에
raison (f) 이유
camarade 친구

해석

안녕,
네 이 메일을 잘 받았어. 어떻게 지내니? 난 잘 지내고 있어. 우선 이 소식을 나에게 알려주어서 고마워. 사실 내가 최근에 이사를 해서 주소와 전화번호를 바꿨거든. 그래서 이 축제에 대한 소식을 받지 못했어.
기꺼이 너의 제안을 받아들일게. 나도 그 곳에 가고 싶은데 왜냐하면 고등학교를 졸업한 지 벌써 4년이 되었고 학교가 보고 싶어. 또한 이전 선생님들과 학급 친구들도 만나고 싶고. 그리고 우리는 함께 농구도 할 수 있을 거야.
이 축제에 대한 더 많은 정보(날짜, 시간 등)를 알 수 있도록 메일을 내게 보내줘.
곧 보기 바라며,

② 거절할 때

핵심

졸업생을 위한 학교 행사에 같이 가자는 제안을 거절하는 글이다. 우선 학교 행사가 하루만 진행된다는 점을 감안하여 거절의 이유를 결정해야 한다. 그리고 가지 못하는 안타까움과 함께 시간을 내서 만나자는 제안을 하고 같이 하고 싶은 활동에 대해 언급한다.

정답

Salut,

J'ai bien reçu ton courriel. Comment vas-tu ? Moi, je vais bien. J'ai aussi reçu le courriel de mon ancien lycée à propos de la fête. Je voulais vraiment y aller pour rencontrer mes anciens professeurs et mes amis. Malheureusement, je ne pourrai pas accepter ta proposition. J'ai un ami canadien et il va venir chez moi à partir de la semaine prochaine. Comme c'est la première fois qu'il vient en France, je dois aller à l'aéroport pour l'accueillir ce jour-là. J'espère que tu vas passer une journée inoubliable à la fête de l'école.

Et puis, c'est bientôt les vacances et je vais voyager toutes les régions de la France avec mon ami. Alors, je te propose de voyager avec nous. Qu'est-ce que tu en penses ?

Je vais te présenter mon ami canadien et je suis sûr qu'on va bien s'amuser.

Rappelle-moi vite !

À très bientôt,

Olivier

어휘

proposition (f) 제안
à partir de -부터
inoubliable 잊지 못할
canadien 캐나다의
accueillir 환대하다
région (f) 지역

해석

안녕,
네 메일을 잘 받았어. 어떻게 지내니? 나는 잘 지내. 나도 축제에 대한 나의 이전 고등학교로부터 이 메일을 받았어. 옛날 선생님들과 친구들을 만나기 위해 정말로 학교에 가고 싶어. 불행히도, 너의 제안을 받아들일 수 없을 것 같아. 캐나다 친구가 있는데 다음 주부터 내 집에 올 거야. 프랑스에 오는 것이 처음이라 내가 그를 맞이하러 그 날 공항에 가야 해.
학교 축제에서 잊지 못할 하루를 보내기를 바래.
그리고 곧 방학인데 친구와 같이 프랑스의 모든 지역을 여행할 거야. 그래서 우리와 함께 여행할 것을 너에게 제안할게. 어떻게 생각하니? 내 친구를 너에게 소개시켜주고 재미있게 지낼 것이라고 확신해.
빨리 전화해 줘!
곧 다시 보기를 바라며,

13 Vous avez reçu un e-mail de votre ami.

Salut,

Comment allez-vous ? Voilà, j'ai un ami étranger et il m'a proposé de venir chez lui pendant les vacances. Alors, je cherche quelqu'un qui veut visiter son pays avec moi. Si l'un d'entre vous s'intéresse à ma proposition, envoie-moi un e-mail.

①

Vous acceptez sa proposition et lui demandez des informations plus précises à propos de ce voyage. (60-80 mots)

②

Vous refusez sa proposition et vous lui proposez d'autres activités.

해석

Vous avez reçu un e-mail de votre ami.
당신은 당신의 친구로부터 이 메일을 받았습니다.

Salut,
Comment allez-vous ? Voilà, j'ai un ami étranger et il m'a proposé de venir chez lui pendant les vacances. Alors, je cherche quelqu'un qui veut visiter son pays avec moi. Si l'un d'entre vous s'intéresse à ma proposition, envoie-moi un e-mail.

안녕,
어떻게들 지내고 있니? 다름이 아니라 외국 친구가 있는데 방학 동안에 자기 집으로 오라고 나에게 제안했어. 그래서 나와 같이 그의 나라를 방문하고 싶은 누군가를 찾고 있어. 너희들 중에 한 명이 네 제안에 관심이 있다면, 나에게 이 메일을 보내줘!

어휘

étranger 외국의
vouloir 원하다
envoyer 보내다
chercher 찾다
entre -중에

① 수락할 때

Vous acceptez sa proposition et vous lui demandez des informations plus précises à propos de ce voyage. (60-80 mots)

그의 제안을 수락하고 이 여행에 대한 좀 더 자세한 정보들을 요구하세요.

핵심

외국 여행과 관련하여 친구들에게 단체로 보내는 메일을 받고 그의 제안을 수락하는 내용으로 글을 쓴다. 평소 한국에 대한 관심이 많아 한국에 가고 싶었는데 좋은 기회라고 말하면서 한국에서 하고 싶은 점에 대해 언급한다. 그리고 여행에 대한 정보 (출발날짜, 돌아오는 날짜, 머무는 기간 등)을 더 알고 싶다는 내용의 글을 보낸다.

정답

Salut,

J'ai bien reçu ton courriel. Comment vas-tu ? Moi, je vais bien. En fait, je m'intéresse beaucoup aux pays étrangers depuis longtemps mais je n'ai pas encore l'occasion d'y visiter. Comme j'ai passé mon bac cette année, je voulais voyager les pays divers pendant les vacances. Donc, j'accepte ta proposition avec plaisir. Quelle est la nationalité de ton ami ? Est-ce qu'il est étudiant ? Quand est-ce qu'on part ? Et quelle est la date de retour ? Où est-ce qu'on va loger ? Est-ce qu'il y a des choses que je dois préparer pour ce voyage ? Envoie-moi un courriel pour que je puisse savoir des informations plus précises.

À très bientôt,

Patrick

어휘

pays (m) 국가
passer 통과하다
divers 여럿의
retour (m) 귀환
préparer 준비하다
étranger 낯선
bac (m) 대학입학시험
nationalité (f) 국적
loger 거주하다

해석

안녕,

너의 메이를 잘 받았어. 어떻게 지내고 있니? 난 잘 지내고 있어. 사실, 나는 외국에 대해 관심이 많지만 방문할 기회는 아직 없었어. 올해 대학입학시험을 통과했으니까 이번 방학 대 여러 나라를 여행하고 싶었어. 그래서 너의 제안을 기꺼이 받아들일게. 네 친구의 국적은 어디니? 그는 학생이니? 우리 언제 떠나? 돌아오는 날짜는 언제야? 어디서 묵게 되는 거니? 이 여행을 위해 내가 준비해야 할 것들이 있니?

좀 더 구체적인 이런 정보를 알기 위해 나에게 메일을 보내줘.

곧 다시 보기를,

② 거절할 때

핵심

여행 제안에 대해 거절하는 글을 작성해야 한다. 중요한 점은 여행이라는 점을 감안하여 하루나 이틀에 해당하는 다른 계획으로는 거절의 이유로 적당하지 않다는 것이다. 따라서 일주일 이상의 다른 활동을 예로 들어 제안을 거절해야 한다. 그리고 다른 기회에 만날 것을 제안하고 함께 할 행동에 대해 제안한다.

정답

Salut,

J'ai bien reçu ton courriel. Comment vas-tu ? Moi, je vais bien. J'aimerais tellement voyager avec toi mais je ne peux pas. Mon école va organiser un stage linguistique en Angleterre pendant les vacances et j'ai décidé d'y aller. C'est une bonne occasion pour moi de perfectionner l'anglais et apprendre la culture anglaise. Alors, je ne peux pas rater cette occasion.

Mais, quand est-ce que tu vas revenir du voyage ? Comme je vais rester en Angleterre pendant six mois, tu pourras venir me voir. On pourra visiter des monuments célèbres ou bien on pourra rencontrer les jeunes Anglais. Qu'est-ce que tu en penses ? Si tu t'intéresses à ma proposition, rappelle-moi !

À très bientôt,

Patrick

어휘

stage linguistique 어학연수
perfectionner 완벽하게 하다
culture (f) 문화
célèbrec 유명한
Angleterre (f) 영국
anglais (m) 영어
revenir 되돌아오다

해석

안녕,
네 이메일 잘 받았어. 어떻게 지내니? 난 잘 지내고 있어. 너와 함께 정말 여행하고 싶은데 그럴 수가 없어. 학교에서 방학동안 영국으로 어학연수를 기획하는데 그 곳에 가기로 결심했어. 영어를 완벽하게 하고 영국 문화를 배울 수 있는 내게는 좋은 기회야. 그래서 이 기회를 놓칠 수가 없어.
여행에서 언제 돌아오니? 나는 6개월 동안 영국에 머무를 것이니까 나를 보러 올 수 있을 거야. 유명한 기념물을 방문할 수도 있고 아니면 젊은 영국인들을 만날 수도 있을 거야. 어떻게 생각해? 내 제안에 관심이 있으면 전화해줘 !
곧 다시 보기를 바라며,

Ⅱ.

여행 기행문

작문 두 번째 유형으로서 여러 가지 이유 (여행, 수학여행, 어학 연수, 직업 연수 등)로 여행을 하고 있거나 하고 난 후 일기 또는 친구에게 글을 쓰는 내용으로 구성된다. 델프 시험 초창기에는 주제가 방학 여행을 다녀와 일기나 친구에게 편지를 쓰는 비교적 단순한 내용이었으나 여행의 목적이 점점 다양해지면서 난이도가 높아지고 있다.

여행과 관련한 글에서 유의해야 할 사항은 다음과 같다.

(1) 편지 양식

편지를 쓰거나 이 메일을 보내는 유형이 거의 대부분인데 편지의 경우는 오른 쪽 위에 편지 쓰는 장소, 날짜, 달을 기입하고 글 마지막에 글 쓴 사람의 이름을 적는다. 반면 이 메일의 경우는 사실 이런 양식을 갖추는 것이 애매하기는 한데 왜냐하면 이 메일 양식에 자동적으로 표시되기 때문이다. 그러나 채점자의 성향에 따라서 이메일도 편지의 일종이기 때문에 양식을 지켜야 한다는 생각을 갖기도 한다. 따라서 확실하게 하기 위해서는 기입하는 것이 바람직하다. 여행 중에 편지를 쓰는 경우에는 머물고 있는 곳의 이름을 쓰면 되고 여행을 마치고 돌아와서 쓰는 상황이라면 자신이 현재 편지를 쓰고 있는 장소의 이름을 기입하면 된다.

(2) 편지를 쓰는 대상

구체적인 내용을 작성하기에 앞서 무엇보다도 이 글의 대상이 누구인지를 먼저 파악해야 한다. 예를 들어 일기를 쓰는 내용인 경우 tu를 사용한다던가, 친구에게 보내는 내용인데 vous를 사용하는 것은 평가에서 상당한 점수를 감점 당하게 된다. 또한 최근 많이 등장한는 단체 메일을 받고 답장의 형식으로 여행에 대한 이야기를 할 때 마치 특정인에게 보내는 것으로 생각하여 tu라는 대명사를 사용하는 것 또한 유의해야 한다.

(3) 지시사항의 내용 언급하기

두 번째 작문의 경우 지시사항에서 상황들이 주어지게 되는데 예를 들어 어떤 목적으로 어디에 얼마나 여행을 하게 되었는지가 나타난다. 따라서 지시사항에서 언급된 내용들은 반드시 글에서 다 다루어야 하는데 글을 쓰다 보면 간혹 내용을 빼먹는 경우가 발생하게 된다. 따라서 글을 쓰고 나서 수정을 할 때 지시사항에서 언급된 내용들을 다 다루었는지 번호를 매겨서 확인하는 것이 바람직하다.

(4) 느낌 쓰기

어떠한 목적이건 간에 일정 기간 특정한 곳에서 머무르게 되는 경우 특정 장소를 방문하거나 활동들을 하게 된다. 이러한 것들을 열거할 때 반드시 해야 할 것은 바로 활동 또는 행사와 관련한 자신의 느낌을 반드시 기록해야 한다는 것이다. 예를 들어, 관광지를 방문했다고 할 때 사람들이 많았다던가 하는 식의 자신이 받은 인상을 적어야 한다. 그렇지 않으면 식당에 갔는데 음식이 맛있었다 혹은 특정 지역을 여행했는데 주민들이 친절했다는 식의 반응을 쓰는 것이 효과적이다.

(5) 시제

여행을 지금 하고 있거나 여행을 다녀와서 글을 쓴다고 가정할 때 시제의 선택이 매우 중요하다. 예를 들어 전자의 경우 특정 장소를 다녀왔던 것에 대해 쓸 때는 과거시제를, 앞으로 할 활동에 대해서는 미래 시제를 사용해야 한다. 반면 후자의 경우는 과거 시제를 사용하되 복합과거와 반과거를 적절히 사용하는 것이 좋다.

1.
방학 때 여행

01 Vous avez passé vos vacances en France et vous écrivez à votre ami. Vous lui parlez de vos impressions sur ce voyage.

핵심

간단한 안부와 함께 어떠한 이유로 프랑스에 여행을 갔는지에 대한 이유를 밝힌다. 그리고 프랑스에 있으면서 했던 활동들을 열거하면서 각 느낌을 적는다. 그리고 그곳에서의 추억을 깊이 간직하고 싶다는 말로 글을 마무리한다.

Vous avez passé vos vacances en France et vous écrivez à votre ami. Vous lui parlez de vos impressions sur ce voyage.

어휘

passer 보내다
parler 말하다
voyage (m) 여행
écrire 편지를 쓰다
impression (f) 인상, 느낌

해석

당신은 프랑스에서 방학을 보냈고 친구에게 편지를 씁니다. 그에게 이 여행에 대한 당신의 느낌에 대해 말하세요.

정답

Séoul, le 02 septembre

Salut,

Comment vas-tu ? Moi, je vais très bien. J'ai un ami qui habite à Paris (en France) et il m'a invité chez lui. Alors. j'ai passé une semaine (un mois) de vacances magnifiques à Paris (en France). Mon ami et moi, nous sommes allés voir la tour Eiffel. Elle était très haute et il y avait beaucoup de monde. Après cela, on a visité le musée du Louvre. Il y avait beaucoup de tableaux très célèbres et j'étais très contente de les voir parce que je voulais devenir peintre. Nous sommes rentrés à la maison et sa mère a préparé le dîner pour nous. C'était un plat français et il était vraiment délicieux.

Et puis, mon ami m'a présenté ses amis français et on a voyagé ensemble le Sud de la France. Le paysage était magnifiques et les habitants étaient très symapthique.

J'ai passé un moment agréable et je n'oublierais jamais ce voyage de ma vie.

À très bientôt,

Patrick

어휘

habiter 거주하다
semaine (f) 주
tour (f) 탑
tableau (m) 그림
peintre 화가
délicieux 맛있는
vie (f) 인생
inviter 초대하다
magnifique 훌륭한
haut 높은
content 만족한
plat (m) 음식
oublier 잊다

해석

안녕,

어떻게 지내니? 난 잘 지내고 있어. 파리(프랑스)에 살고 있는 친구가 있는데 그의 집으로 나를 초대를 했어. 그래서 파리(프랑스)에서 멋진 일주일의 방학을 보냈어. 친구와 나는 에펠탑을 보러 갔어. 매우 높았고 사람들이 많았어. 그 후에 루브르 박물관을 방문했어. 매우 유명한 그림들이 많았고 나는 화가가 되고 싶었기 때문에 그것들을 보는 것에 매우 만족했어. 우리는 집으로 돌아왔고 친구 어머니가 우리를 위해 저녁 식사를 준비해 주셨어. 프랑스 음식이었는데 아주 맛있었어.

그리고 내 친구는 나에게 그의 프랑스 친구들을 소개시켰주었고 함께 프랑스 남부지방을 여행했어. 풍경이 아주 멋졌고 주민들은 아주 친절했어.

나는 좋은 순간을 보냈고 내 인생에서 이 여행을 결코 잊지 못할 거야.

곧 다시 보기를 바라며,

02 Vous êtes revenu de France après le voyage d'une semaine de vacances et vous écrivez à votre ami. Vous lui parlez de vos impressions sur ce voyage.

핵심

간단한 안부와 함께 어떠한 이유로 프랑스에 여행을 갔는지에 대한 이유를 밝힌다. 그리고 프랑스에 있으면서 했던 활동들을 열거하면서 각 느낌을 적는다. 그리고 그곳에 다시 가고 싶다는 말로 글을 마무리한다.

Vous êtes revenu de France après le voyage d'une semaine de vacances et vous écrivez à votre ami. Vous lui parlez de vos impressions sur ce voyage.

어휘

revenir 되돌아오다　　　voyage (m) 여행

해석

당신은 일주일의 방학 여행 후에 프랑스에서 돌아왔습니다. 친구에게 편지를 씁니다. 그에게 이 여행에 대한 당신의 느낌에 대해 말하세요.

정답

Séoul, le 02 septembre

Salut,

Comment vas-tu ? Moi, je vais très bien. J'ai un ami qui habite à Paris (en France) et il m'a invité chez lui. Alors. j'ai passé une semaine (un mois) de vacances magnifiques à Paris (en France).

J'avais un peu peur au début parce que c'était la première fois que j'a voyagé le pays étranger. Heureusement, mon ami est venu à l'aéroport pour moi et on est allé chez ses parents. Ils m'ont bien accueillé et ils étaient très gentils avec moi. Le jour suivant, mon ami et moi, nous avons décidé de voyager la France et son père a prêté sa voiture pour notre voyage. On a visité des monuments historiques des régions et on a goûté plein de plats très délicieux. Les habitants de toutes les régions étaient très gentils avec nous. Et puis, il y avait un festival quand on a visité une ville. C'était une fête folklorique et il y avait beaucoup de monde. J'ai acheté un souvenir pour offrir à ma mère.

J'ai passé un moment agréable et j'aimerais y revenir avec toi un jour.

À très bientôt,

Roland

어휘

peur 두려움
premier 첫 번째의
prêter 빌려주다
région (f) 지역
plein 가득한
folklorique 민속적인
offrir 제공하다
début (m) 처음
gentil 친절한
historique 역사적인
goûter 맛보다
habitant (m) 주민
souvenir (m) 기념(품)

해석

안녕,

어떻게 지내니? 난 잘 지내고 있어. 파리(프랑스)에 살고 있는 친구가 있는데 그의 집으로 나를 초대를 했어. 그래서 파리(프랑스)에서 멋진 일주일의 방학을 보냈어.

처음에는 약간 두려웠는데 왜냐하면 내가 외국을 여행하는 것이 처음이었거든. 다행히, 친구가 나를 위해 공항에 나와주었고 우리는 그의 부모님 댁으로 갔어. 그들은 나를 환대해 주었고 나에게 매우 친절하셨어. 그 다음 날 친구와 나는 프랑스를 여행하기로 했고 친구 아버지가 우리 여행을 위해 차를 빌려주셨어. 우리는 지역들의 역사적인 기념물들을 방문했고 매우 맛있는 많은 음식들을 맛봤어. 그리고 한 마을을 방문했을 때 페스티발이 있었어. 민속 축제였는데 사람들이 매우 많았어. 나는 어머니께 드리기 위해 기념품을 샀어.

나는 좋은 순간들을 보냈고 언젠가 너와 함께 그 곳에 다시 돌아가고 싶어.

곧 보기 바라며,

03 Vous étes en France depuis un mois pour le stage linguistique. Vous écrivez à votre ami. Vous lui parlez des activités et donnez vos impressions sur ce stage.

핵심

간단한 안부와 함께 어학연수에 왜 참가하게 되었는지에 대한 간단한 이유를 밝힌다. 그리고 연수 기간 동안 했던 것에 대해 과거 시제를 활용하여 쓰되 여러 나라 학생들이 모이는 어학연수의 특성을 살려서 간단한 축제 같은 것을 했다는 내용으로 기술하는 것이 바람직하다.

Vous étes en France depuis un mois pour le stage linguistique. Vous écrivez à votre ami. Vous lui parlez des activités et donnez vos impressions sur ce stage.

어휘

depuis -이래로
donner 주다
activité (f) 활동
stage (m) 연수

해석

당신은 어학연수로 한 달 전부터 프랑스에 머물고 있습니다. 친구에게 편지를 쓰세요. 활동에 대해 말하고 이 연수에 대한 당신의 느낌을 전하세요.

정답

Salut,

Comment vas-tu ? Moi, je vais très bien. Je suis à Paris depuis un mois parce que je me suis inscrit aux cours de langues organisés par un institut français. Je me suis un peu inquiété au début de m'inscrire à ce programme mais je suis très content maintenant. Je m'entends bien avec mes camarades et les cours sont très intéressants.

Il y avait une belle soirée dans mon école la semaine dernière et nous avons apporté des plats traditionnels de nos pays. Ils étaient vraiment délicieux. Et puis, il y avait aussi un concert et on dansait et chantait toute la nuit.

J'ai passé une soirée merveilleuse et je ne pourrai jamais l'oublier.

À très bientôt,

Sébastien

어휘

s'inscrire à -에 등록하다
langue (f) 언어
s'inquiéter de -에 대해 걱정하다
s'entendre bien avec -와 잘 지내다
intéressant 흥미로운
apporter 가져오다
traditionnel 전통적인
merveilleux 경이로운
cours (m) 수업
institut (m) 기관
content 만족한

해석

안녕,
어떻게 지내니? 나는 아주 잘 지내. 나는 한 달 전부터 파리에 있는데 왜냐하면 프랑스 기관에서 운영하는 어학연수에 등록했기 때문이야. 처음에는 이 프로그램에 등록하는 것에 대해 약간 걱정했지만 지금은 아주 만족해. 친구들과도 잘 지내고 수업들도 흥미로워.
지난 주에 학교에서 아름다운 저녁 무도회가 있었는데 우리는 나라들의 전통 음식을 가져왔어. 음식들은 정말 맛있었어. 그리고 공연이 있었는데 우리는 밤새 춤추고 노래를 불렀어. 훌륭한 저녁 시간을 보냈고 결코 잊지 못할 거야.
곧 다시 보기를,

04 Vous avez passé vos vacances en famille. À votre retour, vous écrivez un courriel à votre ami. Vous lui parlez des activités que vous avez faites et donnez vos impressions sur ces vacances.

핵심

가족끼리 다녀 온 휴가에 대해 친구에게 글을 쓰는 내용이다. 언제, 어디에서 무엇을 하였는지에 대해 언급하고 자신에 대한 느낌을 전한다.

Vous avez passé vos vacances en famille. À votre retour, vous écrivez un courriel à votre ami. Vous lui parlez des activités que vous avez faites et donnez vos impressions sur ces vacances.

어휘

famille (f) 가족
retour (m) 귀환
courriel (m) 이메일

해석

당신은 가족 단위로 휴가를 보냈습니다. 돌아와서 친구에게 메일을 보내세요. 그에게 당신이 한 활동들에 대해 말하고 이 휴가에 대한 당신의 느낌들을 주세요.

정답

Salut,

Comment vas-tu ? Moi, je vais très bien. C'est bientôt la rentrée et qu'est-ce que tu as fait pendant les vacances ? Moi, j'ai passé mes vacances à une île avec ma famille pendant une semaine. L'ami de mon père avait une maison au bord de la mer et il nous a invité chez lui. On se baignait et se bronzait sur la plage sous le beau soleil. Mon frère et moi, on jouait au ballon tandis que mes parents se baladaient souvent.

On allait au restaurant de région le soir et le repas était vraiment délicieux. Ma famille était très contente de ce voyage et mon père nous a promis d'y revenir l'année prochaine. Je te conseille d'y venir un jour et tu ne le regretteras pas.

À très bientôt,

Olivier

어휘

rentrée (f) 개학
au bord de -근처에
se bronzer 일광욕하다
région (f) 지역
conseiller 충고하다
île (f) 섬
se baigner 해수욕하다
se balader 산책하다
promettre 약속하다
regretter 후회하다

해석

안녕,
어떻게 지내니? 나는 아주 잘 지내고 있어. 곧 개학인데 방학 때 뭐 했었니? 나는 일주일 동안 가족과 함께 섬에서 방학을 보냈어. 아버지의 친구가 바닷가 근처에 집을 가지고 있었는데 우리를 집으로 초대했어. 우리는 뜨거운 태양 아래서 해수욕을 하고 일광욕을 했어. 동생과 나는 공놀이를 하는 동안 부모님께서는 자주 산책을 하시곤 했어.
우리는 저녁 때가 되면 지역 식당에 가곤 했는데 음식이 정말 맛있었어. 가족들은 이 여행에 매우 만족해했고 아버지는 내년에 이곳에 다시 오겠다고 우리에게 약속했어. 언제 너도 이 곳에 올 것을 권하는데 결코 후회하지 않을 거야.
곧 보기 바라며,

05 Vous êtes en France depuis 6 mois pour faire un stage d'une entreprise. Vous écrivez un courriel à votre ami. Vous lui parlez des activités que vous avez faites et donnez vos impressions sur ce stage.

핵심

기업 연수와 관련한 글로서 먼저 기업 연수를 가게 된 경위를 간략하게 설명한다. 그리고 연수 기간 동안 벌어지고 있는 활동들과 함께 여가 시간에 했거나 하고 있는 내용들을 설명한다.

Vous êtes en France depuis 6 mois pour faire un stage d'une entreprise. Vous écrivez un courriel à votre ami. Vous lui parlez des activités que vous avez faites et donnez vos impressions sur ce stage.

어휘

France (f) 프랑스
depuis –이래로
entreprise (f) 기업
activité (f) 활동

해석

당신은 기업 연수를 위해 6개월 전부터 프랑스에 있습니다. 친구에게 이메일을 쓰세요. 그에게 당신이 한 활동들에 대해 말하고 이 연수에 대한 당신의 느낌을 전하세요.

정답

Salut,

Comment vas-tu ? Ça fait déjà 6 mois que je reste en France. Quel temps fait-il là-bas ? Ici, il fait chaud et beau. Je voulais travailler dans une compagnie informatique et elle a organisé un stage pour les étudiants cette année. Alors, je suis venu en France comme stagiaire.

Le travail n'est pas très dur et je m'entends bien avec les autres stagiaires. On prend souvent un verre après le travail et on se parle de la vie quotidienne. Je suis allé au musée du Louvre le week-end dernier et j'ai pu voir des tableaux magnifique. Et puis, j'ai aussi visité la tour Eiffel et elle était très haute. D'ailleurs, il y a beaucoup de restaurants célèbres dans Paris, alors je peux goûter des plats délicieux. Je vais aller à Nice avec mes collègues la semaine prochaine et je vais t'envoyer une carte postale.

À très bientôt,

Thierry

어휘

rester 머물다
chaud 더운
compagnie (f) 회사
stagiaire 연수생
musée (m) 미술관
célèbre 유명한
carte postale 우편 엽서
temps (m) 날씨
travailler 일하다
informatique 컴퓨터의
quotidien 일상의
dernier 지난
collègue 동료

해석

안녕,

어떻게 지내니? 내가 프랑스에 머문 지 벌써 6개월이 되었어. 거기 날씨는 어때? 여기는 덥고 날씨가 좋아. 나는 컴퓨터 회사에서 일하고 싶었었는데 올해 회사에서 학생들을 위한 연수를 운영했어. 그래서 나는 연수생으로 프랑스에 왔어.

일은 그렇게 힘들지는 않고 다른 연수생들과 사이가 좋아. 우리는 퇴근 후에 자주 술 한잔 하는데 일상 생활에 대해 서로 이야기해. 지난 주말에 루브르 박물관에 갔었는데 훌륭한 그림들을 볼 수 있었어. 그리고 에펠탑도 방문했는데 매우 높았어. 게다가 파리 시내에는 유명한 식당들이 많이 있어서 맛있는 음식들을 맛볼 수 있어. 다음 주에 동료들과 니스에 갈 건데 너에게 우편 엽서를 보낼게.

곧 보기를 바라며,

06 Votre école a organisé un voyage scolaire au pays étranger et vous êtes allé en France pendant une semaine. À votre retour, vous écrivez un courriel à votre ami. Vous lui parlez des activités que vous avez faites et donnez vos impressions sur ce voyage scolaire.

핵심

수학여행에 관한 글로서 여행을 다녀와 친구에게 메일을 쓰는 것임으로 여행 중 일어났던 일들을 과거 시제를 사용해야 한다는 점에 유의해야 한다. 그리고 여행지를 다니면서 느꼈던 점들을 나열한다.

Votre école a organisé un voyage scolaire au pays étranger et vous êtes allé en France pendant une semaine. À votre retour, vous écrivez un courriel à votre ami. Vous lui parlez des activités que vous avez faites et donnez vos impressions sur ce voyage scolaire.

어휘

scolaire 학교의
pendant ~동안
pays (m) 나라, 고장
retour (m) 귀환

해석

당신은 외국으로의 수학연수를 계획했고 당신은 일주일 동안 프랑스에 갔습니다. 돌아와서 친구에게 메일을 씁니다. 당신이 했던 활동들에 대해 그에게 말하고 이 수학여행에 대한 당신의 의견을 주세요.

정답

Salut,

Comment vas-tu ? Moi, je vais bien. J'étais en France pendant une semaine parce que mon école a décidé d'y aller pour le voyage scolaire cette année. J'étais très content car c'était la première fois que j'ai pu visiter le pays étranger.

D'abord, on a visité le château de Versailles. Le jardin de ce château était très grand et magnifique. Ensuite, on a mangé du sandwich comme déjeuner au jardin sous le beau soleil. Après, on est allé à l'arc du Triomphe. Il se trouvait aux Champs-Elysées et nous avons pris des photos. La vue nocturne de Paris était très belle et nous avons pris un café en écoutant de la belle musique.

J'ai passé une semaine inoubliable et je vais te montrer mes photos la semaine prochaine si tu veux.

À très bientôt,

Xavier

어휘

décider 결정하다
jardin (m) 정원
déjeuner (m) 점심식사
photo (f) 사진
écouter 듣다
château (m) 성
sandwich (m) 샌드위치
arc (m) 아치
nocturne 심야의
montrer 보여주다

해석

안녕,
어떻게 지내니? 난 잘 지내. 일주일동안 프랑스에 있었는데 왜냐하면 학교가 올 해 수학여행을 프랑스로 가기로 결정했기 때문이었어. 나는 매우 만족했는데 왜냐하면 내가 외국을 방문할 수 있었던 첫 번째였기 때문이야.
우선, 우리는 베르사이유 궁전을 방문했어. 이 성의 정원은 매우 크고 아름다웠어. 그리고 나서 우리는 태양을 받으며 정원에서 점심으로 샌드위치를 먹었어. 그 후에 개선문으로 갔어. 샹제리제 거리에 있었는데 우리는 사진을 찍었지. 파리의 야경은 매우 아름다웠고 우리는 아름다운 음악을 들으며 커피를 마셨어.
나는 잊지 못할 일주일을 보냈고 네가 원하면 다음 주에 내 사진들을 너에게 보여줄게.
곧 보기 바라며,

07 Le journal de votre école demande aux étudiants de raconter leurs vacances et vous lui écrivez pour parler de vos dernières vacances. Vous parlez des activités que vous avez faites et donnez vos impressions sur ces vacances.

핵심

친구에게 보내는 것이 아니기 때문에 처음 인사말 부분에서 tu를 사용하지 않는 것이 중요하다. 그리고 학교 신문을 읽는 대상이 학생들이라는 점을 생각한다면 자신이 다녀온 특정 지역에 대해 추천을 할 때 vous를 사용해야 한다.

Le journal de votre école demande aux étudiants de raconter leurs vacances et vous lui écrivez pour parler de vos dernières vacances. Vous parlez des activités que vous avez faites et donnez vos impressions sur ces vacances.

어휘

journal (m) 신문
étudiant (m) 학생
demander 요구하다
raconter 이야기하다

해석

당신 학교 신문이 학생들에게 방학에 대해 말해줄 것을 부탁하고 당신은 지난 방학에 대해 말하기 위해 편지를 씁니다. 당신이 했던 활동들과 이 방학에 대한 당신의 느낌을 전하세요.

정답

Salut,

Je m'appelle Daniel et je vais vous parler de mes dernières vacances. J'ai passé mes vacances avec ma famille au Canada. Mon oncle habite à Québec depuis 15 ans et il nous a invité chez lui pendant deux semaines. Il avait une maison près de la forêt et elle était très agréable. Ma mère et ma sœur se promenaient tous les matins tandis que mon père et mon oncle faisaient du ski. Et mon cousin m'a présenté ses amis et nous allions souvent au centre ville pour s'amuser. On allait au café et on se parlait de la vie scolaire.

J'ai passé le meilleutr moment à cette ville et je vous conseille d'y aller si vous aurez l'occasion de le faire.

어휘

oncle (m) 삼촌
près de -가까이에
sœur (f) 누이
cousin (m) 사촌
conseiller 권하다
maison (f) 집
forêt (f) 숲
se promener 산책하다
meilleur 최고의

해석

안녕,
내 이름은 다니엘이고 내 지난 방학에 대해 너희들에게 말하려고 해. 나는 캐나다에서 가족과 함께 방학을 보냈어. 삼촌이 15년 전부터 퀘벡에 살고 있는데 2주 동안 집으로 우리 가족을 초대 했어. 숲 가까이에 집을 가지고 있었는데 아주 안락했어. 어머니와 누이는 매일 아침 산책을 했고 아버지는 삼촌이랑 스키를 타셨어. 그리고 내 사촌이 내게 친구들을 소개시켜줬고 우리는 놀기 위해 시내에 자주 가곤 했어. 카페에 가서 학교 생활에 말하고는 했고.
나는 이 도시에서 최고의 순간을 보냈고 너희들도 그럴 수 있다면 그 곳에 가보기를 권해.

08 Vous avez vu l'annonce d'une agence de voyage qui propose d'envoyer une lettre à propos du voyage inoubliable. Le premier prix de ce concours est un voyage magnifique et vous lui envoyez une lettre. Vous parlez des activités que vous avez faites et donnez vos impressions sur ces vacances.

핵심

먼저 편지를 받는 대상이 여행사라는 점을 감안하여 글을 시작해야 한다. 그리고 여행을 했던 장소와 그곳으로 여행을 가게 된 이유를 밝히고 여행지에서 했던 활동들에 대해 구체적으로 언급한다. 또한 자신이 느꼈던 점에 대해서도 기술한다.

Vous avez vu l'annonce d'une agence de voyage qui propose d'envoyer une lettre à propos du voyage inoubliable. Le premier prix de ce concours est un voyage magnifique et vous lui envoyez une lettre. Vous parlez des activités que vous avez faites et donnez vos impressions sur ces vacances.

어휘

annonce (f) 광고
proposer 제안하다
prix (m) 가격, 상
agence de voyage (f) 여행사
inoubliable 잊지 못할

해석

당신은 잊지 못할 여행에 관한 편지를 보낼 것을 제안하는 한 여행사의 광고를 보았습니다. 이 경연대회의 일등상은 멋진 여행이고 당신은 여행사에 편지를 보냅니다. 당신이 했던 활동들에 대해 말하고 이 여행에 대한 당신의 느낌을 전하세요.

정답

Bonjour,

Je m'appelle Bellier et j'aimerais vous raconter mes dernières vacances en Angleterre. J'a un ami qui habite à Londres et il m'a proposé de venir chez lui. Alors, j'ai accepté sa proposition avec plaisir parce que c'était une bonne occasion pour moi d'aller en

Angleterre sans aucun souci (logement, repas, langue etc).

Il est venu à l'aéroport pour moi et nous sommes allés chez ses parents. Après avoir passé une nuit agréable, nous avons visité le musée d'histoire naturelle de Londres. Il était très grand et il y avait beaucoup de monde. J'ai visité Londres pendant 3 jours et nous sommes allés au concert de rock. J'y ai rencontré ses amis et je me suis bien amusé avec eux en dansant et chantant.

Je pense que le voyage est une bonne occasion qui permet aux gens de se sentir beaucoup de choses. On peut apprendre les cultures très différentes et on peut se se détendre en visitant beaucoup de pays.

어휘

raconter 이야기하다
souci (m) 걱정
langue (f) 언어
permettre 허락하다
se détendre 긴장을 풀다
avec plaisir 기꺼이
logement (m) 숙소
histoire (f) 역사
se sentir 느끼다

해석

안녕하세요,
제 이름은 벨리에이고 영국에서의 저의 지난 방학에 대해 당신께 말하려고 합니다. 런던에 살고 있는 친구가 있는데 자기 집에 오라고 제게 제안을 했어요. 그래서 기꺼이 그의 제안을 수락했는데 왜냐하면 아무 걱정 없이 (숙소, 식사, 언어 등) 영국에 갈 수 있는 좋은 기회였기 때문입니다.
친구가 나를 위해 공항에 나와 주었고 우리는 그이 부모님 댁으로 갔습니다. 편안한 밤을 보낸 후, 우리는 런던 자연 박물관을 방문했습니다. 매우 컸고 사람들이 많았어요. 3일 동안 런던을 구경하고 우리는 락 콘서트에 갔습니다. 그곳에서 그의 친구들을 만났고 춤추며 노래하며 그들과 재미있게 보냈습니다.
여행은 사람들에게 많은 것을 느끼게 해줄 수 있는 좋은 기회라고 생각해요. 우리는 매우 다른 문화들을 배울 수 있고 많은 나라들을 여행하면서 긴장을 풀 수도 있습니다.

09 Votre ami va partir en voyage et il vous a demandé des informations sur le voyage que vous avez fait (destinations. moyen de transport, logement etc). Vous lui parlez des activités que vous avez faites et donnez vos impressions sur votre voyage ainsi que des conseils.

핵심

친구에게 내가 했던 여행에 대해 말하는 답장의 글이기 때문에 먼저 안부를 묻는 방식으로 글을 시작한다. 그리고 지시사항에 언급되어 있는 사항들 (여행한 장소, 교통 수단, 숙소)에 대해 이야기하고 특히 추천 또는 주의 사항들에 대해 말한다.

Votre ami va partir en voyage et il vous a demandé des informations sur le voyage que vous avez fait (destination, moyen de transport, logement etc).

Vous lui parlez des activités que vous avez faites et donnez vos impressions sur votre voyage ainsi que des conseils.

어휘

partir 떠나다
destination (f) 예정지
conseil (m) 충고
information (f) 정보
moyen (m) 수단

해석

당신의 친구가 여행을 떠나려고 하는데 당신이 했던 여행에 대한 정보를 부탁합니다 (예정지, 교통수단, 숙소 등). 당신이 했던 활동들에 대해 그에게 말하고 충고와 더불어 당신의 여행에 대한 느낌을 주세요.

정답

Salut,

J'ai bien reçu ton courriel à propos du voyage. J'étais en Afrique l'année dernière. Mon ami travaille dans une association qui aide des enfants africains et il m'a proposé d'y aller avec lui comme volontaire.

J'ai pris l'avion pendant 21 heures et j'étais très fatigué quand je suis arrivé à l'hôtel. Il faisait chaud et la température était très haute. Pourtant, il n'y avait pas de climatiseur dans la chambre d'hôtel. Le jour suivant, Nous sommes allés au petit village et j'ai vu beaucoup d'animaux sauvages dans la rue. J'ai rencontré des enfants et ils avaient beaucoup de problèmes de la santé. Et puis, ils ont beaucoup souffert à cause du manque d'eau. J'ai aidé des gens à creuser des puits toute la journée.

J'y suis resté pendant 2 semaines et cela m'a donné une occasion de réfléchir sur la vie. Je sais que tu peux choisir la France ou l'Angleterre comme destination d'un voyage. Mais je te conseille d'aller en Afrique et je suis sûr que tu ne regretteras pas ce choix.

À très bientôt,

Laurent

어휘

association (f) 단체
température (f) 기온
village (m) 마을
souffrir 고통을 느끼다
puit (m) 우물
volontaire 자원봉사자
climatiseur (m) 에어콘
santé (f) 건강
creuser 파다
réfléchir 심사숙고하다

해석

안녕,
여행에 관한 너의 이메일을 잘 받았어. 나는 작년에 아프리카에 있었어. 내 친구가 아프리카 어린이들을 돕는 단체에서 일하는데 자원봉사자로 그와 함께 그 곳에 가자고 나에게 제안했어.
21시간 동안 비행기를 탔고 호텔에 도착했을 때 나는 매우 피곤했어. 날씨는 덥고 기온은 매우 높았어. 그러나 호텔 방에는 에어콘이 없었어. 그 다음 날, 우리는 작은 마을에 갔는데 거리에서 많은 야생동물들을 보았어. 나는 어린이들을 만났는데 그들은 건강에 많은 문제가 있었어. 그리고 물 부족으로 인해 고통을 겪었어. 나는 하루 종일 사람들이 우물을 파는 것을 도왔어.
그 곳에서 2개월 동안 머물렀는데 이것은 나로 하여금 인생에 대해 깊이 생각할 수 있는 기회가 되었어. 네가 여행지로 프랑스나 영국을 선택할 수 있다는 것을 알고 있어. 하지만 아프리카에 가볼 것을 권하는데 이 선택에 대해 네가 후회하지 않을 것이라고 확신해.
곧 다시 보기를 바라며,

10 Votre école demande aux étudiant(e)s de raconter leurs meilleures expériences sur la vie scolaire. Vous lui envoyez un courriel pour raconter votre expérience et donnez vos impressions sur elle.

핵심

학창시절에서 겪었던 경험이나 기억, 또는 추억에 대해 작문하는 문제이다. 따라서 특정한 행사 (개교기념일, 체육대회 등)와 관련한 경험을 이야기하는 것이 가장 무난하다고 할 수 있다.

Votre école demande aux étudiant(e)s de raconter leurs meilleures expériences sur la vie scolaire. Vous lui envoyez un courriel pour raconter votre expérience et donnez vos impressions sur elle.

어휘

demander 요구하다
expérience (f) 경험
envoyer 보내다
meilleur 최고의
scolaire 학교의

해석

당신의 학교는 학생들에게 학교 생활에 대한 최고의 경험들을 말해줄 것을 부탁합니다. 당신은 당신의 경험을 말하기 위해 이메일을 보내고 경험에 대한 당신의 느낌을 적으세요.

정답

Bonjour,

Je m'appelle OOO et j'aimerais vous raconter ma meilleure expérience de la vie scolaire. L'année dernière, mon professeur a proposé à mes camarades de classe de faire un spectacle à l'occasion de l'anniversaire de la fondation de notre école. Alors, nous avons décidé de faire une pièce de théâtre.

Nous étions obligés de venir à l'école pendant les vacances d'été parce qu'on devait faire beaucoup de répétitions pour ce spectacle. Ce n'était pas facile pour nous d'y venir au moins 3 fois par semaine mais on n'avait pas le choix.

Je me souviens encore bien du jour où nous sommes montés sur la scène. Il y avait beaucoup de monde et nous nous étions tous très tendus. Les certains d'entre nous ont oublié leurs dialogues et je suis tombé sur scène. Pourtant, beaucoup de spectateurs nous ont encouragés en applaudissant et on pouvait finir le spactacle avec un grand succès.

J'ai passé le meilleur moment de la vie scolaire et je ne l'oublierais jamais de ma vie.

어휘

proposer 제안하다
à l'occasion de -를 맞이하여
répétition (f) 연습
scène (f) 무대
encourager 격려하다
spectacle (m) 공연
pièce (f) 연극
choix (m) 선택
se tendre 긴장하다
applaudir 박수치다

해석

안녕하세요,
내 이름은 OOO 이고 학교 생활에서의 최고의 경험에 대해 여러분께 말하고 싶어요. 작년에 선생님께서 학급 친구들에게 학교 개교기념일을 맞이하여 공연을 할 것을 제안하셨어요. 그래서 우리는 연극을 하기고 결정했죠.
여름 방학 동안 학교에 나와야만 했는데 왜냐하면 우리는 이 공연을 위해 많은 연습을 해야 했기 때문이에요. 적어도 일주일에 3번 오는 것이 쉽지는 않았지만 선택의 여지가 없었죠.
나는 무대에 올랐던 날을 아직도 잘 기억하고 있어요. 사람들이 많았고 우리는 모두 긴장했습니다. 우리들 중 어떤 이들은 대사를 잊어버렸고 나는 무대에서 넘어졌어요. 그렇지만 많은 관객들이 박수를 치면서 우리를 격려해주었습니다. 그리고 우리는 큰 성공을 거두며 공연을 끝낼 수 있었습니다. 나는 학교 생활에서의 최고의 순간을 보냈고 내 생애에서 결코 이것을 잊지 못할 것입니다.

11 Il y avait un grand festival dans votre ville la semaine dernière et vous racontez ce qui s'est passé sur votre facebook. Donnez vos impressions sur ce festival.

핵심

페스티벌에서 벌어지는 행렬이나 특정 행사를 중심으로 기술하고 이와 관련하여 행사의 특성과 사람들의 반응을 적는다.

Il y avait un grand festival dans votre ville la semaine dernière et vous racontez ce qui s'est passé sur votre facebook. Donnez vos impressions sur ce festival.

어휘

festival (m) 페스티벌 　　　 ville (f) 도시

해석

지난 주에 당신 도시에서 큰 페스티벌이 열렸는데 당신의 페이스북에다 무슨 일이 있었는지에 대해 말하세요. 이 페스티벌에 대한 당신의 느낌을 주세요.

정답

Salut,

J'aimerais vous raconter le grand festival qui a eu lieu la semaine dernière. C'est l'un des festivals très célèbres dans ma ville et beaucoup de visiteurs sont venus en famille. Il y avait un spectacle de magie et les enfants étaient vraiment contents. Et puis, les jeunes de notre ville ont défilé en costumes folkloriques et tous le monde les a applaudis. On a aussi organisé une soirée dansante et nous nous sommes bien amusés.

Je vous conseille de venir à la fête de notre ville et je suis sûr que vous ne le regretterez jamais.

À très bientôt,

Max

어휘

avoir lieu 개최하다
visiteur (m) 방문객
défiler 행진하다
applaudir 박수치다
célèbre 유명한
magie (f) 마술
folklorique 민속적인

해석

안녕,
너희들에게 지난 주에 있었던 큰 페스티벌에 대해 말하려고 해. 우리 도시에서는 매우 유명한 페스티벌들 중에 하나인데 많은 방문객들이 가족 단위로 왔어. 마술쇼가 있었는데 아이들이 매우 만족해 했지. 그리고 우리 마을의 젊은이들이 민속 의상을 입고 행진을 했는데 모든 사람들이 박수를 보냈어. 또한 저녁 무도회도 열었고 우리는 아주 재미있게 보냈어.
우리 마을 축제에 올 것을 너희들에게 권하는데 절대 후회하지 않을 것이라고 확신해.
곧 보기 바라며,

정일영

Paris 8대학 언어학 석 · 박사 학위 취득
대학 출강
델프 교재 및 프랑스어 관련 저서 30여권 집필

최인경

Paris 4대학 문학 석 · 박사 학위 취득
대학 출강
델프 교재 집필 및 번역서 다수

프랑스어 능력인증시험

델프 A2 작문

초판 1쇄 발행 _ 2017년 6월 5일

저 자 · 정일영 · 최인경
발행인 · 정 현 걸
발 행 · 신 아 사
인 쇄 · 토탈프로세스
주 소 · 서울특별시 은평구 통일로 59길 4 (2층)
전 화 · (02) 382-6411 팩스 · (02) 382-6401
홈페이지 · www.shinasa.co.kr
E-mail · shinasa@daum.net
출판등록 · 1956년 1월 5일 (제 9-52호)

ISBN : 978-89-8396-996-5 (13760)

정가 15,000원